ÍSABEL

LA CATÓLICA

SUS ANTEPASADOS

CARMEN ALICIA MORALES

EDITORIAL ADOQUÍN
Colección Siglo XV

CARMEN ALICIA MORALES

ISABEL LA CATÓLICA

SUS ANTEPASADOS

Historia Medieval, España
Biografías, Monarquía, Europa

ISBN: 978-0-9912114-1-8

Carmen Alicia Morales, PhD

Primera Edición — 2015

Foto de la Autora — Alicia Deeny Morales

Arte Portada — Publica Tu Libro

PublicaTuLibro.net

Foto Portada — Cortesía Archivo del Monasterio Santa María
de Vitória, Batahla. / Fotografía por Luis Pavão.

Copyright©2015—Carmen A. Morales

Editor Ejecutivo — M. Pérez-Cotto

Editorial Adoquín

Ed.adoquin@gmail.com

San Juan, Puerto Rico

índice

Dedicatoria VI

Agradecimientos 7

Introducción 11

LA FAMILIA PORTUGUESA

    Árbol genealógico de la familia portuguesa 16

JUAN I DE PORTUGAL Y FELIPA DE LANCASTER 19

ENRIQUE EL NAVEGANTE 23

ISABEL DUQUESA CONSORTE DE BORGOÑA 27

PEDRO DUQUE DE COIMBRA 29

JUAN DE PORTUGAL 33

Nobles Portuguesas 35

ISABEL DE BARCELOS 37

    La familia paterna 37

    La familia materna 41

    La vida en Portugal 42

    Su vida en Arévalo 47

    El Palacio Real de Arévalo 49

    Contribución a la educación 57

ISABEL DE PORTUGAL 67

  Vida matrimonial 67

  Personalidad de la reina 71

  Problemas políticos 75

  Nueve meses antes del nacimiento 85

  Encuentro en el verano de 1450 86

  Nacimiento de Isabel de Castilla 87

  Su vida en madrigal 91

  Muerte del Rey Juan II 99

JUANA DE PORTUGAL 103

  Sobre su nacimiento 103

  La familia materna 106

  Infancia en el monasterio 108

  Negociaciones matrimoniales 111

  Matrimonio con el Rey Enrique IV 114

  Nacimiento de Juana de Castilla 118

  Palacio de la Reina Juana 121

  En casa de la Reina Juana 129

  Derecho sucesorio 130

  Relación con 'el mozo' 135

  Relación con su hija 136

  Su testamento 138

Apéndice

  Testamento de la Reina Juana de Portugal 143

  Mapas 153

    En Tiempos de los Reyes Católicos 154

    El Último Siglo de la Edad Media 155

LA FAMILIA CASTELLANA

    Árbol Genealógico de la Familia Castellana 158

JUAN II DE CASTILLA 161

    Su infancia 162

    Ambiente cultural 164

    Su guardia morisca 167

    Problemas políticos 168

    Muerte y enterramiento 169

ENRIQUE IV DE CASTILLA 171

    Su matrimonio 171

    La ciudad de Segovia 175

    Propulsor de órdenes religiosas 176

    Patrocinio de la arquitectura 177

    Sobre los problemas políticos 179

    Su guardia morisca 182

ALFONSO DE ÁVILA 184

    Su infancia 185

    La guerra civil 188

Bibliografía 194

Sobre la Autora 205

Editorial Adoquín 210

Para mis hijas Alicia María y Ana Cristina.

AGRADECIMIENTOS

Estas semblanzas de los antepasados de Isabel la Católica se escriben originalmente como parte de la investigación que se realiza para cumplir con los requisitos de doctorado en historia medieval de la *Universidad de Valladolid*. Durante ese periodo de tiempo fue invaluable la guía y el apoyo incondicional de la profesora y catedrática María Isabel del Val Valdivieso, lo que hace posible la fructífera producción histórica sobre este tema. Es meritorio mencionar además a la profesora Manuela Mendonça, presidenta de la *Academia de la Historia* en Portugal, quién me alentó para que continuara la investigación sobre las contribuciones de la familia portuguesa de la reina Isabel.

El historiador Istvan Szasdi León-Borja, a través de la *Revista Iacobus* publicó el artículo "Isabel de Barcelos: su contribución a la educación de Isabel la Católica" (2010). El cronista oficial de la ciudad de Arévalo, Ricardo Guerra Sancho, nutrió investigaciones con su dedicada labor sobre la historia de la villa. El arqueólogo Jorge Díaz de la Torre enriqueció los estudios sobre el palacio residencial del rey Juan II con sus intervenciones arqueológicas y sus valiosas publicaciones sobre La Moraña. Los amigos de *La Alhóndiga: Asociación de Cultura y Patrimonio*, en la ciudad de Arévalo; su presidente Juan C. López y José Fabio López Sanz se dieron a la tarea de editar una publicación en

los *Cuadernos de Cultura y Patrimonio* de abril de 2012, titulada "Isabel de Barcelos".

La colección de fotos que aparecen en estas páginas se debe a la cortesía de archivos, bibliotecas, museos, monasterios, conventos, amigos y viajes personales que facilitaron una ampliación de la documentación escrita. *La Alhóndiga: Asociación de Cultura y Patrimonio* ha proporcionado las fotos del palacio de Juan II en Arévalo para enriquecer el devenir cotidiano de la reina Isabel de Portugal y su madre, Isabel de Barcelos. La *Biblioteca-Archivo del Real Monasterio de Santa María de Guadalupe* y su director Antonio Ramiro Chico facilitaron fotos de las sepulturas del rey Enrique IV de Castilla y su madre la reina María de Aragón.

Agradezco en particular la contribución de la muestra de las sepulturas de los antepasados portugueses donadas por el *Museo-Archivo del Monasterio de Batahla* en Portugal y su director Joaquim Ruivo. Es también importante mencionar la ayuda del *Museo Casa de las Bolas de Aranda de Duero* que facilitó información sobre la historia de la estructura; la *Biblioteca de Madrigal de las Altas Torres* y la *Biblioteca de la Universidad de Valladolid. Merece* especial atención la foto del fotógrafo Luis Pavão de *La Capela do Fundador* utilizada para la portada de este libro.

Este libro se logra debido al extenso conocimiento sobre publicaciones de la editora ejecutiva Márilyn Pérez-Cotto, y al dedicado equipo de artistas gráficos, diseñadores y consultores de la compañía Publica tu Libro que colabora con ella. Agradezco la gentile-

za de la profesora Raquel Rosario de la Universidad de Puerto Rico, quién muy amablemente presenta este libro en Puerto Rico.

Doy gracias siempre a mis hijas Alicia María y Ana Cristina Deeny que escuchan los cuentos sobre la vida de Isabel la Católica como si fuera un miembro de la familia. Y a la persona que comparte diariamente este quehacer de viajes, personajes y documentos conmigo, mi esposo Federico, Fritz Andersen, le estoy muy agradecida.

INTRODUCCIÓN

Estas semblanzas destacan el protagonismo de los personajes y las asociaciones familiares de la reina Isabel la Católica con su ascendencia portuguesa y castellana. Se encuentran acompañadas con dos gráficas; árboles genealógicos, que a manera de referencia pictórica orientan al lector visualmente, apuntando estructuras de parentesco, considerando en esta forma prudente diferenciar entre la línea materna y la paterna. Estos apuntes biográficos, estos esbozos cronológicos sobre los logros políticos de su familia inmediata, garantizan comprensión sobre el entretejido histórico que precede a una de las monarquías más exuberantes, vitales y aventureras que ha existido en la faz de la tierra.

Con este propósito en mente se develaron las relaciones consanguíneas de Isabel la Católica con ambos lados de la familia, enfatizando en ocasiones las similitudes y las características personales heredadas que se destacan en ella como monarca, y que se pueden observar en algún antepasado. Debido a que la reina nace y se cría en Castilla se ha ignorado u omitido la importancia y la influencia de su madre y la familia materna. Cuando se olvida este componente, se descuida un aspecto que podría ser vital para iluminar determinadas vertientes de la historia a lo largo de los siglos medievales" [1].

---

[1] Pérez de Tudela, María Isabel y Rãbade Obradó, Maria del Pilar. "Dos princesas portuguesas en la corte castellana: Isabel y Juana de Portugal". En: Actas das II Jornadas Luso-Espanholas de História Medieval. Porto: Instituto Nacional de Investigaço Científica. 1987, Vol. 1, p. 357.

Isabel de Castilla comprendía claramente que el despliegue de todo tipo de imaginería visual era importante para destacar su protagonismo monárquico. Es por eso que se estima que su divisa personal tiene que haber sido diseñada por ella o por alguien muy cercano a su condición de princesa. El 18 de septiembre de 1468 se convierte en princesa al firmar el Tratado de Toros de Guisando con su hermano, el rey Enrique IV. La divisa con el águila de San Juan se puede ver en el sello de 1473 del que se conserva el dibujo de Luis de Salazar y Castro en la Real Academia de la Historia de Madrid.

Se tiene que reconocer, que los lazos sanguíneos que se cultivan en todo ser humano, van a la larga y a la postre a aclarar decisiones difíciles de comprender en un futuro político sin tener a mano esta información vital sobre su persona. Es por esto que se ha observado el entretejido familiar que la rodeaba y que es una parte integral de su nacimiento y crianza en Castilla.

La segunda razón por la cual se considera la atención a este tema, de sumo interés, es porque la exposición de un discurso genealógico sobre Isabel la Católica da luz al porqué de la adquisición de su poder regio. En otras palabras, sin este núcleo familiar que era parte esencial de su composición genética y cultural, ella no hubiera llegado a ser reina. Y es este ceremonial de iconografía familiar, este estandarte el que le permite reclamar su posición monárquica legitimando su origen y retando ante su hermano el rey Enrique IV y su sobrina Juana I de Castilla, su inalienable derecho sucesorio al trono de Castilla. Porque en última instancia, es este marco genealógico el arma más poderosa o la única que tiene para reclamar su valía como futura reina castellana. Y es esta simbiosis entre una tradición familiar y judicial la que apropia, desarrolla y maneja para entonar su discurso que lleva del espacio privado al público. Con este propósito en mente impulsa: la firma del tratado de Toros de Guisando, las capitulaciones matrimoniales con Fernando de Aragón (1469), la Concordia de Segovia (1475), el conflicto por el derecho sucesorio con Juana de Castilla (1474-1479), el reconocimiento de la valía sucesoria de sus hijos ante las cortes castellanas y aragonesas (1470-1504) y la redacción y firma de su testamento y codicilo (1504). Es este empoderamiento y su legitimación, en última instancia, el emblema que utiliza exitosa-

mente para su propio beneficio y exaltación real como reina de Castilla.

El libro se ha ilustrado con fotos de los sepulcros de sus antepasados porque se considera evidente que el despliegue arquitectónico de una imaginería funeraria se ha utilizado para establecer pancartas políticas que conmemoran y recuerdan el derecho sucesorio regio. Es evidente que este es el caso de la Tumba del Fundador en el Monasterio de Santa María de la Vitória, Batahla cuando el rey Juan de Avis lo manda a diseñar. Es una estrategia valiosísima para el futuro de todos sus descendientes los cuales tienen que ser enterrados en un panteón familiar y en esta forma garantiza y mantiene a generaciones por venir atados a un reino unido de parte de una sola monarquía. Y de aquí es que Isabel la Católica aprende el valor y la importancia de este protagonismo funeral y es por esto que ella diseña y construye el panteón de sus padres el rey Juan II de Castilla y la reina Isabel de Portugal en la Cartuja de Miraflores, Burgos. Siguiendo esa misma línea de pensamiento, en su testamento, la reina dispone un panteón junto con el rey Fernando de Aragón en el Monasterio Franciscano de la Alhambra, Granada.

LA FAMILIA PORTUGUESA

ÁRBOL GENEALÓGICO DE LA FAMILIA PORTUGUESA
(1261-1496)

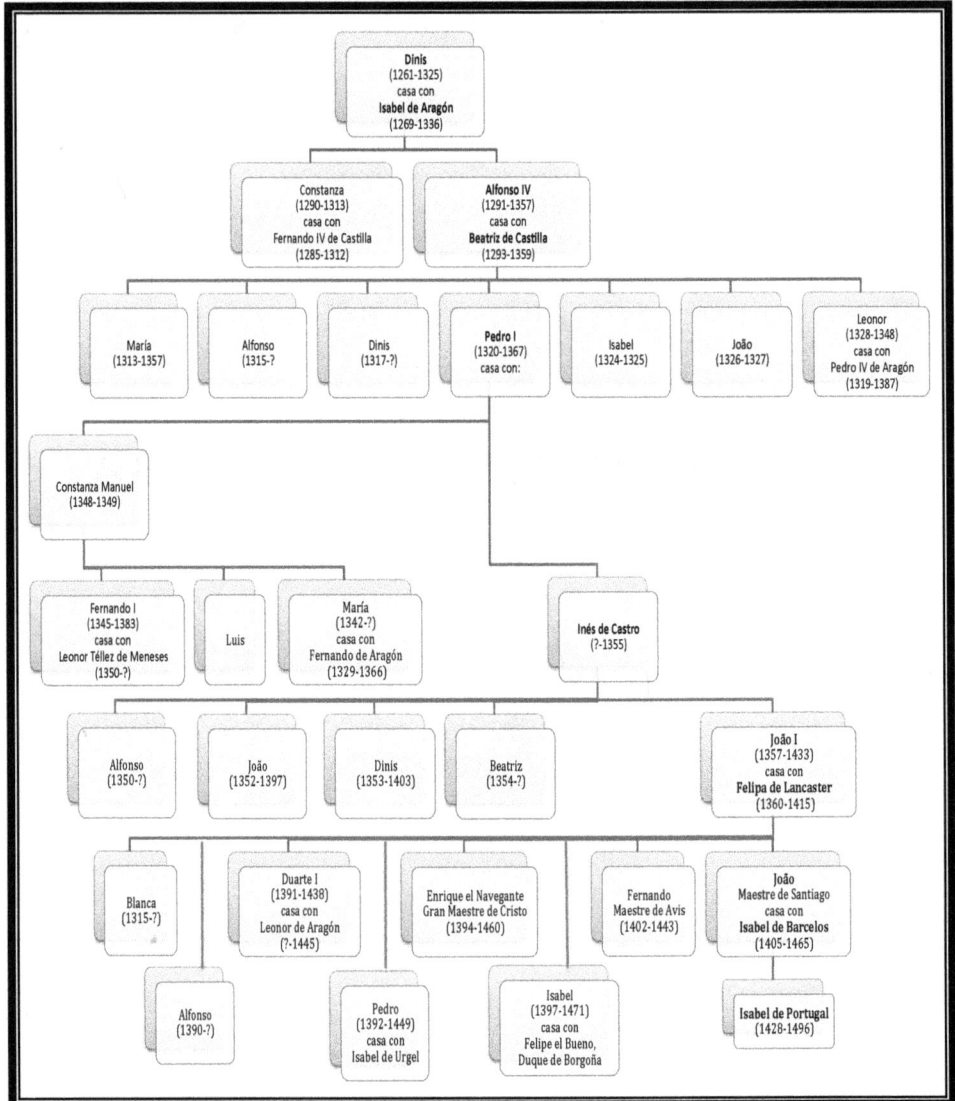

En un principio este árbol genealógico de la familia portuguesa ha sido modificado. El original se encuentra en la biografía de Juana de Castilla de la profesora Bethany Aram (Aram, 2001).

LA FAMILIA PORTUGUESA

Debido a que la reina Isabel la Católica nace y se cría en Castilla, se ha ignorado u omitido la importancia y la influencia que su madre y la familia materna portuguesa tuvieron en su desenvolvimiento monárquico. El conocimiento de la familia materna y la relación del personaje con esa familia, debido al distanciamiento geográfico del reino portugués, tiene que haber llegado a ella a través de las narraciones acumuladas en el escaparate de la memoria oral de toda familia y compartida en este caso por la madre y la abuela. Al olvidar este componente se descuida de esta forma un aspecto que podría ser vital para iluminar determinadas vertientes de su itinerante biografía y la historia castellana del siglo XV. Se tiene que reconocer, que los lazos sanguíneos que se cultivan y son parte de todo ser humano, van a la larga y a la postre a aclarar decisiones difíciles de comprender en un futuro político. En el caso de Isabel la Católica, siendo hija de madre portuguesa, el conocimiento de la familia materna y la relación de ella con la misma dependía completamente de la memoria oral. Este quehacer fue compartido mientras vivía en Arévalo con su madre (Isabel de Portugal) y su abuela (Isabel de Barcelos) y más adelante en Segovia y en la corte itinerante en la casa de su prima (Juana de Portugal). Al tener a mano, a temprana edad, esta información vital sobre su persona y los logros monárquicos que sus familiares llevan a cabo en el desarrollo del reino vecino de Portugal, la reina Isabel logra un manejo ventajoso de los acontecimientos cronológicos y de las relaciones políticas que afectaron ambos reinos. Es por esto que se ha observado el entretejido

familiar portugués que la rodeaba y que es una parte integral de su nacimiento y crianza en Castilla.

El reconocimiento íntimo que obtiene durante su niñez sobre la exaltación de proezas históricas ejecutadas por los personajes regios portugueses es inequívocamente parte de su seguridad y estabilidad política, de su donaire, inteligencia y despliegue autocrático matriarcal que expone durante su monarquía. No cabe la menor duda de que son su madre y su abuela las que se encargaron de moldear su acervo matriarcal portugués, esto se convierte en parte de ella y su reino, intelectual y emocionalmente está enraizado en lo que ella potencia como suyo.

JUAN I DE PORTUGAL Y FELIPA DE LANCASTER

Durante la primera mitad del siglo XV Juan I (1357-1433) de Portugal, el fundador de la dinastía de la casa de Avis, se dedicó a levantar (junto con su esposa Felipa de Lancaster) un pequeño imperio. Concertó alianzas provechosas con sus vecinos, fomentó una política atlántica castellana agresiva, conquistó rutas de especias, vigorizó sus ciudades, predicó y fomentó apoyado por la iglesia, conseguir sendas bulas de gracia para desarrollar una cruzada nacional en contra de los moros y se rodeó de una familia numerosa [2]. Se casó el 2 de febrero de 1387, en la ciudad de Oporto, con Da. Felipa de Lancaster (1359-1415), una inglesa de 28 años, hija de D. Juan de Gante y de su primera esposa Da. Blanca de Tiveram y Lancaster [3]. Este matrimonio "...fue una sólida unión y dio magníficos frutos" debido a que la reina acompañaba a su marido en la corte itinerante a todas partes [4].

Da. Felipa se dedicó a apoyar a su marido en todas sus campañas y necesidades de su reino. Debido a su formación educacional inglesa y a su madurez, educó a los infantes en un ambiente de "austera dignidad" a pesar de que era criticada por ser "... severa, desprovista de belleza y con una piedad agresiva" [5].

---

[2] Llorca, Bernardino y García Villoslada, Ricardo. Historia de la Iglesia Católica: Edad Nueva. Madrid: Biblioteca de Autores Cristianos, 1987, p. 358.

[3] Veríssimo Serrão, Joaquim. Historia de Portugal. Lisboa: Verbo, 1980, Vol. 1, p. 353.

[4] Chantall, Suzanne. Historia de Portugal. Traducido por M. L. Morales. Barcelona: Surco, 1960, p. 121.

[5] Ibídem.

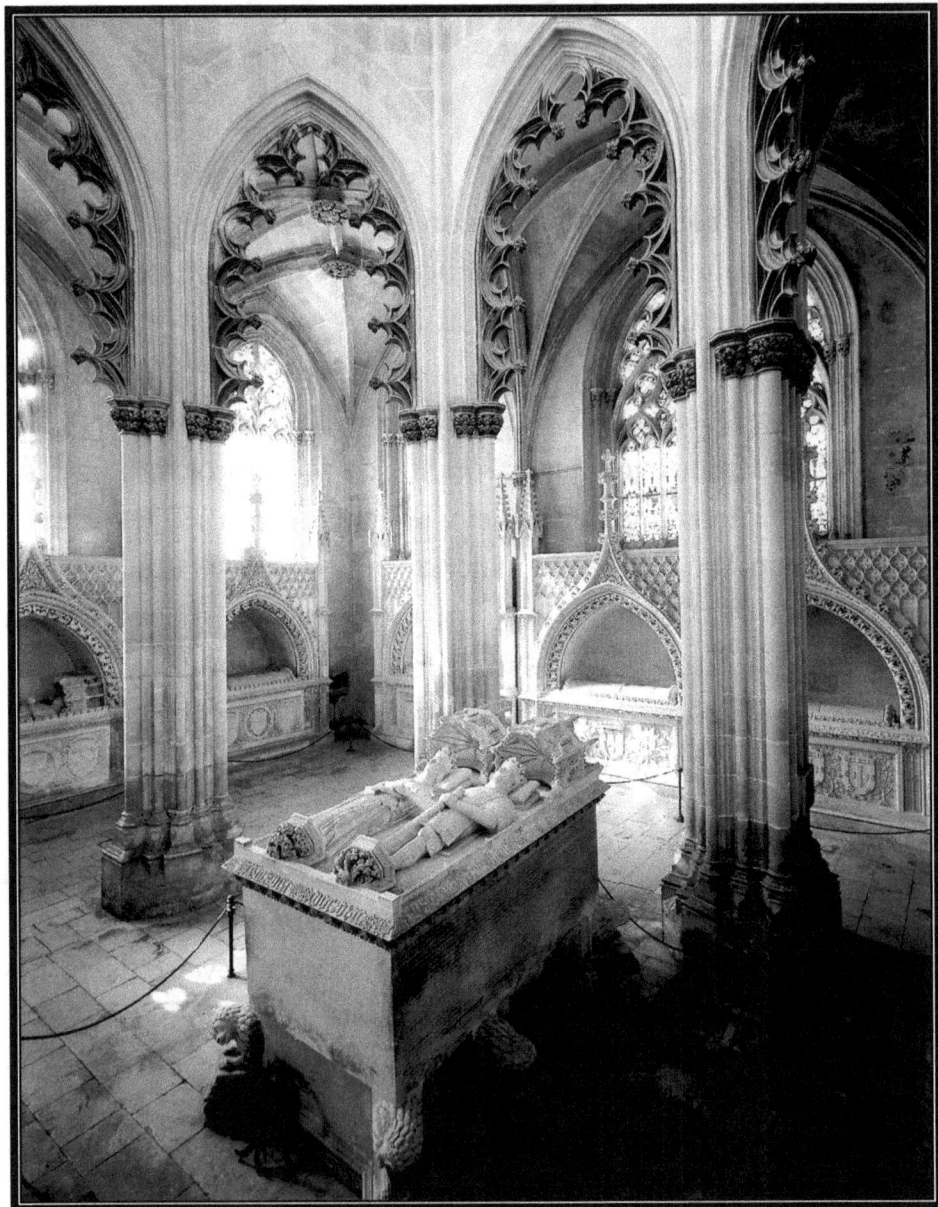

Capilla del Fundador en la Tumba Real del Monasterio de Santa María de la Victó-ria, Batalha. Data del siglo XV y se encuentra hecho por el maestro Huguet quién trabajó en el monumento entre 1401-38. Fotógrafo Luis Pavão.

Es esta "austera dignidad" caracterizada por una entrega completa al trabajo y el deber, lo que evidentemente, trae a la corte de Juan I de Portugal la prosperidad y el éxito de sus empresas. El rey estaba constantemente ocupado ejerciendo sus poderes de monarca compenetrado con "sus responsabilidades" y la reina con "sus deberes" [6]. La reina "...no admitía junto a ella sino hombres y mujeres irreprochables" porque para ella, la "moral" era la cualidad más importante que podía cultivar un ser humano [7]. Felipa de Lancaster "hizo pasar un soplo vivificante sobre una sociedad dónde señores y trúhanes se abandonaban por igual a sus apetitos" [8]. Su dedicación a trabajar en pro del bien de los súbditos y su familia, la hacen sobresalir, destacarse como una mujer relevante dentro del contexto sociocultural peninsular y europeo y en particular entre las mujeres nobles portuguesas de su época.

En el ámbito matrimonial, Felipa de Lancaster supo tolerar, sobrellevar y sobreponerse a los problemas que el adulterio de su esposo trajo a su reino. Los hijos bastardos que tuvo el rey de las relaciones con la hija de un zapatero los hizo educar en su casa [9]. De esta forma los controlaba educacionalmente, convirtiéndose en una figura maternal para ellos, mientras tanto, los mantenía a su lado para que no constituyeran una afrenta para el trono de sus hijos. Paralelamente, mientras se ocupaba de anular las posibili-

---

[6] Ibídem, p. 123.

[7] Ibídem, p. 122.

[8] Ibídem.

[9] Ibídem.

dades de competencia para la herencia del trono portugués, se deshizo de la madre de los hijos ilegítimos mandándola a pasar el resto de su vida en una abadía.

Esta unión anglo-portuguesa y la prole que nace de este matrimonio le dan a la monarquía portuguesa un envidiable renacimiento político, social y económico a principios del siglo XV.

ENRIQUE EL NAVEGANTE

La expansión marítima de Portugal comienza en 1415 cuando el rey Juan I de Portugal atacó Ceuta, creando en esta forma el principio de una expansión europea en el meollo del comercio del mundo islámico. No obstante, "...más que el propio monarca portugués, el hombre que personificaba, desde el comienzo, la cruzada, era el infante D. Enrique (1394-1460), llamado el Navegante. Es él quien le dio el impulso a las empresas marítimas de su patria"[10]. D. Enrique, junto con sus hermanos, "...dirigió el primer asalto a la ciudad de Ceuta el 14 de agosto de 1415"[11].

Después de la conquista de Ceuta, cuando se dio cuenta de que una vez realizado el sabotaje y el ultraje no se había logrado su propósito primordial, que era el de cultivar comercialmente la ruta de África, don Enrique se retiró a Sagres, en el extremo este del Cabo de San Vicente, el extremo suroccidental de la península ibérica en el Algarve (es la región más meridional de Portugal continental). Desde allí, apoyado por la corte de Lisboa, su padre y su familia, en 1418, empezó a expandir sus proyectos de exploración y conquista de la costa de África y fundó la escuela naval de Sagres.

Reunió cartógrafos y especialistas de instrumentos de navegación, confeccionó mapas, dio clases de navegación, diseñó carabe-

---

[10] Llorca y García Villoslada, Op. cit., p. 358.

[11] Chantall, Op. cit., p. 129.

las, estableció relaciones políticas e influyó la escuela mallorquina cartográfica al proveer "información de la geografía africana que podemos admirar" en los mapas creados durante el siglo XV [12].

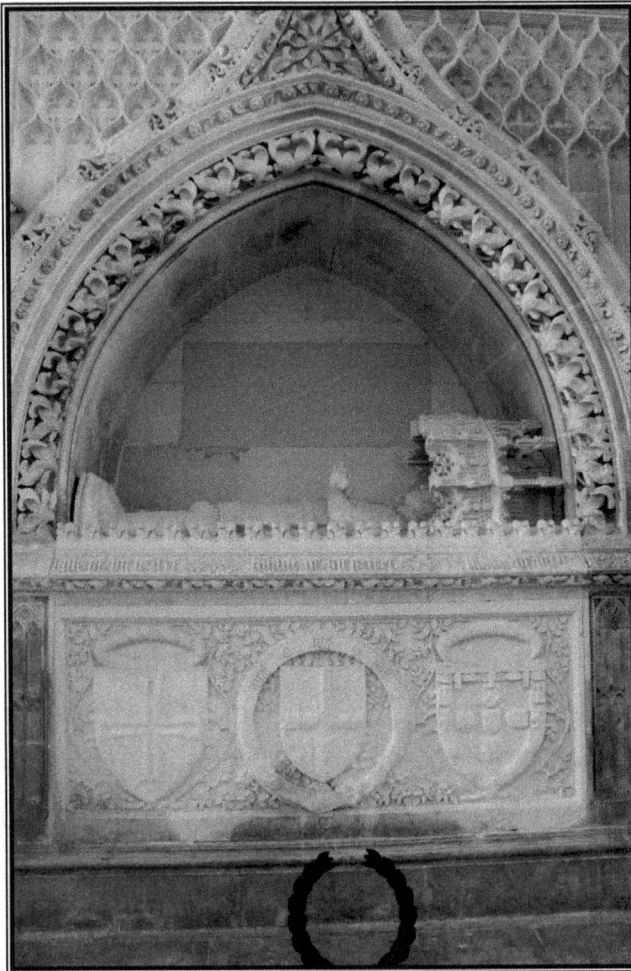

Tumba de don Enrique el Navegante; Capilla del Fundador en la Tumba Real del Monasterio de Santa María de Vitória, Batalha. Siglo XV, el maestro Huguet trabajó en el monumento entre 1401-1438. Foto cortesía del Archivo del Monasterio Santa María de Batalha. Fotografía por Joaquim Ruivo.

A pesar del miedo de sus hombres para lanzarse a la aventura exploratoria D. Enrique no se dio por vencido, su objetivo pri-

---

[12] Millás Vallicrosa, José María. Nuevos estudios sobre historia de la ciencia española. Madrid: Consejo superior de investigaciones científicas, 1987, Vol. II, p. 303.

mordial era establecer rutas comerciales; y finalmente, en 1433 convenció al explorador Gil Eannes a que se arriesgara a navegar pasando el Cabo de Bojador. Desde este momento en adelante, después que Eannes pasó ese cabo, Portugal estuvo a la vanguardia de la exploración europea y estableció lazos mercantiles con África.

Es esta misión naval la que incrementó su poder político y de ahí que se convirtió en maestre de la poderosa Orden de Cristo. Es considerado como un "...hombre tan medieval, como moderno, de tanta genialidad en concebir sus planes como tenacidad en proseguirlos, austero y profundamente religioso, asceta dominado por el sincero entusiasmo de un cruzado consagrado a la defensa de la cristiandad" 13 .

Eventualmente Portugal fue "...el único reino donde se predicó con éxito la cruzada anunciada por el papa (Nicolás V) porque es el rey (Juan I de Portugal) el que aparejó una armada con respetable ejército para este propósito 14 . Al morir D. Enrique en 1460 los portugueses habían llegado a Cabo Palmas (Liberia) y habían establecido un centro comercial en Arguim (isla cerca de Cabo Verde) 15 .

---

[13] Bensaúde, Joaquim. A cruzada do Infante D. Henrique. Lisboa, 1942, p. 111.

[14] Llorca y García Villoslada, Op. cit., p. 358.

[15] Boorstin, David. The Discoverers. New York: Harry N. Abrams, 1991, p. 52.

Pintura de Isabel de Portugal, duquesa consorte de Borgoña, ca. 1445; por Roger van der Weyden (1399-1464) pintor flamenco. Museo J. Paul Getty, Malibú, California.

Ísabel
Duquesa Consorte de Borgoña

La hermana de Enrique el Navegante, la única hija de Juan I y Felipa de Lancaster; Isabel (1397-1471), se casó con Felipe el Bueno, duque de Borgoña y desde Borgoña apoyaba a su hermano D. Enrique en la conquista de la costa de África. En 1419 lo ayudó a "...acondicionar nueve islas" que él estaba poblando [16]. Con el doble objetivo de continuar conquistando Marruecos y promover el comercio con las tierras descubiertas en la costa de África, D. Enrique concentró sus energías en conseguir fondos para sus empresas, ganarse aliados políticos para lograrlas, dirigir expediciones y promover el comercio de Portugal porque: "...el plan de la conquista oriental obedecía al objetivo político de dominar el comercio de Oriente y aniquilar los recursos económicos del Islam, que mantenían la permanente amenaza musulmana a la cristiandad. Su victoria definitiva sobre el Islam alcanzó exactamente el objetivo que las cruzadas de la Edad Media pretendían" [17].

---

[16] Chantall, Op. cit., p. 140.

[17] Bensaúde, Op. cit., p. 111.

PEDRO
DUQUE DE COÍMBRA

El infante D. Pedro (1392-1449), duque de Coímbra, el tercer hijo de Juan I, fue regente y gobernador del reino de Portugal a la muerte de su hermano el rey D. Duarte (1391-1438) hasta 1447 cuando su sobrino, el príncipe Alfonso V, hijo del rey D. Duarte, al cumplir 14 años reclamó el trono.

D. Pedro había viajado por el mundo entero buscando aventuras [18]. En realidad, estas "aventuras" eran visitas realizadas a manera de representaciones políticas, debido a que él actuó como embajador monárquico sirviendo a su hermano, Enrique el Navegante, y a su padre, para desplegar su presencia política tanto en Europa como en la costa del Atlántico en especial durante los años entre 1438 al 1448 [19].

La *Crónica del Halconero de Juan II de Castilla* contiene un breve relato de la visita del infante a Castilla: "Martes 23 días del mes de agosto, año del Señor de 1428 años, vino el ynfante don Pedro, fijo del rrey de Portugal, a facer rreberencia al señor Rey don Johan de Castilla, a Aranda. Este ynfante don Pedro venía del en-

---

[18] Chantall, Op. cit., p. 131.

[19] Baquero Moreno, Humberto. Batalha de Alfarrobeira: antecedentes y significado histórico. Coimbra: Biblioteca General da Universidade de Coimbra, 1979, pp. 1-168.

perador de Alemania que abía ydo allá a ver mundo, e avía estado allá vien dos años y medio" [20] ..

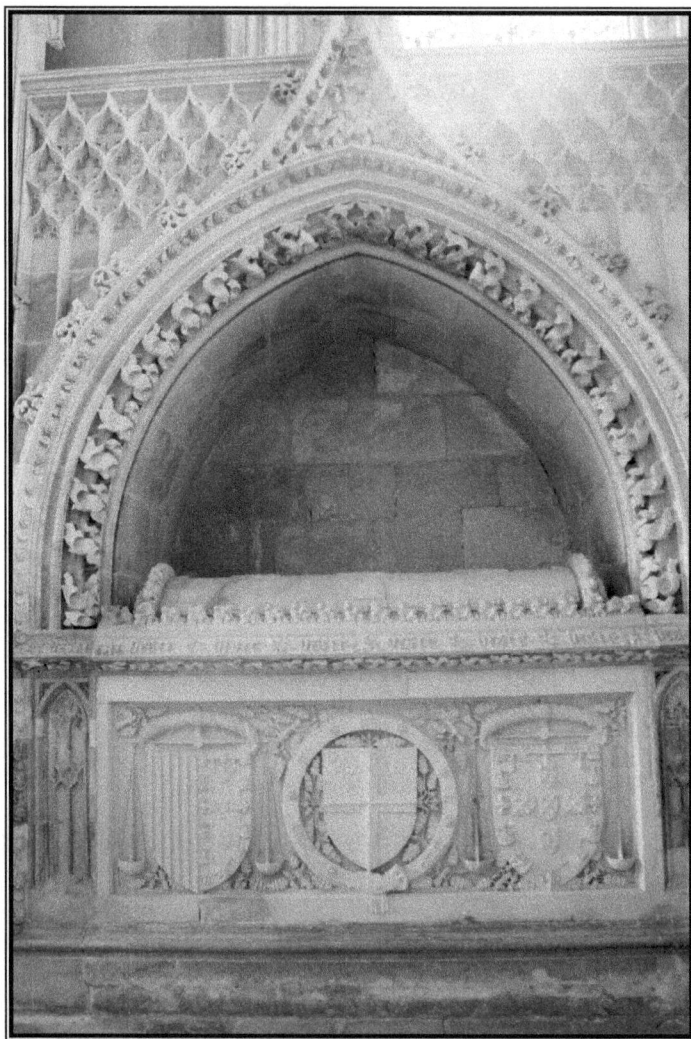

Tumba del infante don Pedro; a la extrema derecha el escudo del primer duque de Coímbra, en el Monasterio de Santa María de Vitória, Batalha. Foto cortesía del Archivo del Monasterio Santa María de Batalha. Fotografía por Joaquim Ruivo.

---

[20] Carrillo de Huete, Pedro. Crónica del Halconero de Juan II: Edición y estudio de Juan de Mata Carriazo. Madrid: Espasa Calpe, 1946, p. 30.

Antes de partir el infante, el rey Juan II de Castilla lo tomó "por la mano, e metiólo a su cámara, e dióle un diamante de los llanos, e una sortija de safir, que valía tres mill florines, e dióle quatro cavallos. E fízole mucha honra pero no salió con él"[21]. Esta visita sella la amistad y el apoyo que Juan II prestará al infante el resto de su vida. En 1449 el joven rey, don Alfonso de Portugal, llega a su mayoría de edad y tiene desacuerdos con su tío D. Pedro, es decir, Portugal se encuentra en medio de una crisis familiar. Juan II de Castilla envía a Álvaro de Luna a entrevistarse con él en la ciudad de Ledesma y le presta su invaluable apoyo:

"... pero como quier que sea, el dicho rrey de Portugal don Alfonso, por causa de las dichas ynformaciones, ovo de dezir al dicho ynfante de Portugal su tío que no curase de mas rregir e governar su rreyno, por quanto él era ya de suficiente hedad e de vastante descreción para lo rregir. E non vastó esto, mas antes comencó a desfavorecer e aun a perseguir al dicho ynfante su tío, e a los suyos; por lo qual este ynfante se ovo de rretraer a la cibdad de (en blanco) estando allí no cesavan de le enojar el rrey e los que cerca del estavan...en el mes de junio del dicho año, (20 de mayo de 1449 en la batalla de Alfarrobeira) con la gente que pudo, e yvase camino de Lixbona, a fin de la apoderar, como dicho es..."[22].

Al regresar a Portugal, D. Pedro es emboscado por un puñado de lanzas, hombres que habían sido mandados por el rey de Portugal y

---

[21] Ibídem, p. 31.

[22] Ibídem, p. 530.

lo matan. La crónica expone que la muerte del infante don Pedro "ovo mucho enojo el Rey Juan de Castilla, por quanto era mucho cosa suya, e avía dado favor contra sus contrarios, e creya tener por su causa gran parte en el rreyno de Portugal" [23] . La muerte de don Pedro, como era de esperarse, fue una gran pérdida para el rey Juan II de Castilla debido a sus relaciones amistosas y el buen servicio que le había brindado como dignatario de sus bodas con la reina Isabel de Portugal en 1447.

---

[23] Ibídem, p. 531.

JUAN DE PORTUGAL

El hijo menor del rey Juan I de Portugal, el infante D. Juan (1400-1442), el abuelo materno de Isabel de Castilla, debido a su corta edad, fue el único hijo del rey portugués que en 1415 no tomó parte en la conquista de Ceuta. El 8 de octubre de 1418 el papa Martín V otorga la bula In apostolice dignitatis, la cual nombra al infante "100 administrador de la Ordem Militar de Sant'Iago da Espada"[24].

Tumba del infante Juan de Portugal, junto con doña Isabel de Barcelos; Capilla del Fundador en el Monasterio de Santa María de Vitória. Foto cortesía del Archivo del Monasterio Santa María de Batalha. Fotografía por Joaquim Ruivo.

---

[24] Veríssimo Serrão, Op. cit., p. 604.

La bula determinaba que las rentas de la orden debían ser aplicadas a la cruzada portuguesa contra los musulmanes. De esta forma una vez más la familia del rey Juan I de Portugal apoyaba la Iglesia y su fin era el de conquistar las tierras musulmanas a toda costa.

En 1424 se casó con Isabel de Barcelos (su sobrina) y de este matrimonio tuvieron cuatro hijos [25]. Murió a los 42 años dejando una joven viuda y cuatro hijos, entre ellos la madre de Isabel la Católica.

---

[25] Referencia y detalles sobre este matrimonio se ofrecen en la biografía de Isabel de Barcelos.

NOBLES PORTUGUESAS EN LA CORTE CASTELLANA

Las apariciones de Isabel de Portugal, Juana de Portugal e Isabel de Barcelos, en la corte castellana, durante la segunda mitad del siglo XV, se entretejen en: crónicas, testamentos, capitulaciones matrimoniales y tumbas. Son similares desde diversos puntos de vista: la suerte les barajeó la emigración de Portugal a Castilla, y/o influenciaron significativamente la historia monárquica de ambos reinos en la segunda mitad del siglo XV.

Las reinas Isabel de Portugal y Juana de Portugal, se vieron obligadas a tener que cumplir con capitulaciones matrimoniales que afectaron sus dotes precariamente, tuvieron que abandonar su patria y sus familiares y finalmente, fueron juzgadas por su comportamiento social. De esto se encarga el cronista Alonso de Palencia el cual manifiesta que estas reinas una es "loca" y la otra "promiscua"[26]. Da Isabel de Barcelos viajó a Castilla para acompañar a su hija, la reina Isabel de Portugal y sus nietos, y allí murió. En estas semblanzas se destacan sus circunstancias y sus contribuciones a la crianza de la infanta Isabel. Se logra además dar luz a las vicisitudes que confrontaron y por último sus éxitos, logros y derrotas dentro de la corte castellana del siglo XV.

---

[26] Este juicio del cronista, sobre el comportamiento de las reinas portuguesas, empaña su evaluación histórica sobre su valía y contribución monárquica a la corte Trastámara en el siglo XV.

La documentación presentada apunta al protagonismo que tuvieron en la vida de la reina Isabel la Católica; su madre, su abuela portuguesa y más adelante, su prima y cuñada la reina Juana de Portugal. Un reconocimiento histórico sobre la participación de estas mujeres durante la niñez y adolescencia de la reina contribuye a aclarar la complejidad interpretativa de su comportamiento político durante el transcurso de su vida como monarca.

ISABEL DE BARCELOS

Sabel de Barcelos era la única hija de don Alfonso (1371-1461), el hijo bastardo del rey Juan I de Portugal, 8° Conde de Barcelos y Duque de Bragança[27].

La familia paterna

El rey Juan I, se aseguró de que este hijo ilegítimo fuera extremadamente poderoso al otorgarle un título y valiosas propiedades. Sobre don Alfonso no se tiene conocimiento exacto de su nacimiento pero se puede afirmar que aproximadamente nació en 1371. Cuando termina su infancia su padre lo manda a Leiria a educarse con Gomes Martins de Lemos y es seguramente debido a la dedicada influencia de este ayo que se debe su formación moral, cultural y política[28].

Es probable que, a pesar de que contaba solamente con 14 años durante la Batalla de Aljubarrota en 1385, debido a que la guerra:

"prolongou-se durante muitos anos, com outros combates, cercos de castelos, raizas e escaramuzas, âquem e além fronteira, e é provável que D. Afonso aí se encontrasse algunas vezes. Com afeito, só assim se explica que mais tarde, pretendendo fazer valer os seus directos, D. Afonso dissesse..." que él era el que se encontraba junto a su padre primero en las batallas[29]. Es debido a su valiosa actua-

---

[27] Veríssimo Serrão, Op. cit., p. 354.

[28] Alfonso D. Machado, 8° Conde de Barcelos, fundador de la Casa de Bragança (Conferencia), En: Revista de Guimarães, Jun-Dez, 1963, vol. 73, p. 320.

[29] Ibídem, p. 321.

ción y esfuerzo personal durante el cerco de Tui en 1398 que fue armado caballero [30].

Tumba de Isabel de Barcelos, junto con el infante don Juan de Portugal; en el centro se expone el escudo de doña Isabel con las armas de los Braganza y a la extrema derecha la casa de Avis. Foto cortesía del Archivo del Monasterio Santa María de Batalha. Fotografía por Joaquim Ruivo.

En 1401 don Alfonso (contaba con treinta años) se casó con doña Beatriz Pereira de Alvim; el padre de ella, el Condestable Nuño Álvarez Pereira les regaló parte de las propiedades que le habían sido donadas al Condestable por el rey Juan I de Portugal. Por su parte, el rey le da a su hijo, don Alfonso, "...o lugar de Fào, na foz do Cávado, e ainda os padreados das igrejas de Neiva, Aguiar de Neiva, Faria, Peñafiel e Couto da Várzea" [31]. Don Alfonso manda a recons-

---

[30] Ibídem, p. 321.

[31] Ibídem, p. 325.

truir el Castillo de Chaves en donde fija su residencia con doña Beatriz y aquí nacieron sus hijos. No obstante, a pesar de tener su castillo en Chaves, pasaba largas temporadas en la villa de Barcelos.

En 1405 el rey Juan I decidió casar a su hija doña Beatriz, la hermana de don Alfonso, con Thomas Fitz Alan, Conde de Arundel. Don Alfonso aceptó el pedido de su padre y acompañó a su hermana al matrimonio en Inglaterra. Disfrutó tanto del viaje que de ahí en adelante se despertó su interés por viajar, aprender sobre la cultura de otros países, y coleccionar objetos antiguos.

Durante la expedición a Ceuta en 1415, es don Alfonso el que ayuda al infante don Enrique, su hermano y "Fue ele encarregado de recrutar gente em Tras-os-Montes e Entre-o-Douro-e-Minho, com a qual entrou no Porto, para guarnecer a Armada..."[32]. Es la flota de don Alfonso, dirigida por Juan Fogata, la primera que desembarca en Ceuta. En 1420, antes de contraer matrimonio en segundas nupcias con su prima, doña Constansa de Noroña, en una carta de contrato el rey don Juan I eleva los hijos del conde a la estatura de su padre. Don Alfonso se retira a sus villas en un exilio voluntario de la corte y se dedica a "seus livros, administrava a sua Casa e os seus Castelos e coleccionava cacos e moedas antigas"[33].

En 1438, cuando muere su hermano, el rey don Duarte, don Alfonso apoya la posición de su cuñada, la reina doña Leonor de Aragón como regente del reino y la sucesión de don Alfonso V de Por-

---

[32] Ibídem, p. 327.

[33] Ibídem, p. 336.

tugal, el hijo de ella, al trono portugués. El infante don Pedro, su hermano, negaba la validez del testamento del rey don Duarte, a pesar de que "A nobreza e o clero inclinavam-se respeitosamente perante a vontade manifestada pelo Rei D. Duarte, isto é, concordavam com a Regencia de Da. Leonor; as gentes de Lisboa rumavam em sentido contrário, porque D. Pedro procurava nesse meio uma popularidade..." que reflejaba vanidad y ambición [34]. Don Pedro y el infante don Juan, habían desarrollado una política hostil a la monarquía, por su parte, don Alfonso había decidido apoyar a su cuñada, la reina Leonor de Aragón, y esta posición le ganó la enemistad de sus hermanos.

Después de la batalla de Alfarrobeira, en 1449, se consolida el Ducado de Bragança cuando le es concedida a don Alfonso la villa de Guimarães por su sobrino, el rey Alfonso V. Don Alfonso se retira una vez más a la tranquilidad de sus palacios excepto que hace un acto de presencia cuando el rey Alfonso V prepara su primera expedición a África. Esta travesía resultó en la conquista de Alcácer-Ceguer "...e, para tal expediçào se preparam o Duque de Bragança, seus filos e netos. Porém, atendendo à avançada idade de 87 anos, que o rijo Duque possuia, El-Rei nào o deixou embarcar..." [35]. Al año siguiente el rey le pidió a don Alfonso que lo ayudara a pelear contra piratas franceses y gallegos. Este fue el último servicio que rindió don Alfonso a la corona portuguesa, en 1461, a la edad de noventa años.

---

[34] Ibídem, p. 335.

[35] Ibídem, p. 351.

La familia materna

Por el lado de su madre, Isabel de Barcelos es nieta del Condestable Nuño Álvarez Pereira (1360-1431), hombre cuyo "...patriotismo evidenciado en una inquebrantable fidelidad a la nueva dinastía de Juan I de Portugal, y aunque es verdad que esa postura le valió grandes honores y extensas propiedades, el espíritu desprendido del brillante caballero, del noble más poderoso del Reino, quedó de manifiesto con su retirada al monasterio de Nuestra Señora del Carmen de Lisboa"[36]. Era llamado el Escipión portugués y como militar se destacó porque ayudó a obtener la independencia portuguesa del dominio castellano en el siglo XIV. Después de la muerte de Fernando I de Portugal, Pereira apoyó la sucesión de su hermanastro Juan de Avis, contra la hija de Fernando I. Se dedicó a defender el rey y evidencia de esto son sus éxitos militares contra los castellanos, hasta que se llega a un tratado de paz después de la batalla de Aljubarrota en 1385.

Estuvo casado con doña Leonor Alvim, y quedó viudo en 1387[37]. En 1411, cuando se declara la paz entre los dos reinos (Castilla y Portugal), el Condestable se marcha a conquistar territorios musulmanes, y de ahí surge el principio de la expansión portuguesa en el norte de África. En 1423 se retira al monasterio en Lisboa y murió en 1431 a la edad de 71 años.

---

[36] Pérez de Tudela y Rãbade Obradó, Op. cit., p. 359.

[37] Machado, Op. cit., p. 323.

Doña Beatriz Pereira de Alvim (1380-1412), la madre de Isabel de Barcelos, hija única del Condestable Nuño Álvarez, fue la afortunada heredera de una de las fortunas más importantes en el norte de Portugal. Debido a que doña Beatriz había muerto en 1410 la herencia del Condestable pasa directamente a sus nietos en 1422 cuando él entra en el monasterio. A sus nietos, don Alfonso y don Fernando, les otorga los títulos de Condes de Oréum y Arraiolos (villa en el Distrito de Évora) respectivamente. A su nieta, Isabel de Barcelos (tenía 17 años), le dona "...várias terras do Norte, como Lousada, Paiva e Tendais e outras terras no Sul, como Almada e Loulé"[38].

En conclusión, Isabel de Barcelos desciende de familias portuguesas que, además de contar con grandes recursos económicos, estaban avaladas por la máxima envergadura política. Por el lado paterno era nieta del rey Juan I de Portugal y de su esposa Felipa de Lancaster y por el lado materno era nieta del Condestable Nuño Álvarez Pereira y de su esposa doña Leonor Alvim. Es hija de don Alfonso, el primer duque de Bragança y de doña Beatriz Pereira de Alvim.

La vida en Portugal

Isabel de Barcelos posiblemente nació en el castillo de Chaves, debido a que es el lugar donde su padre establece su residencia cuando se casó en 1401. En 1405, el año en que ella nació, el rey

---

[38] Ibídem, p. 331.

mandó a su padre, don Alfonso, a que acompañara a su hermana, doña Beatriz, a casarse en Inglaterra. Don Alfonso disfrutó tanto de este viaje que decidió viajar con más frecuencia. Se puede concluir que durante su infancia su padre no estaba presente en su vida porque se encontraba, la mayor parte del tiempo, atendiendo a sus deberes o en viajes de placer.

No obstante, aunque su padre no hubiera estado viajando, era la costumbre, durante este periodo de tiempo, que los hombres fueran excluidos del área de criar los niños [39]. En el caso de la casa real o la nobleza, fue seguramente la cámara o la habitación de la infanta el lugar reservado para ella y las mujeres y ésta sería el área a la que no se acercaría el padre. Aunque el padre la haya visto en algún momento después de nacer, no es la costumbre que el padre comparta el tiempo familiarmente con sus hijos porque no existe evidencia de que los padres, especialmente con las hijas, estuvieran presentes como una parte esencial de la familia o que se esperase que les agradase estar con los hijos y ser parte de su crianza [40].

Alrededor de 1410, a causa de un parto, su madre muere, y como resultado, Isabel de Barcelos y sus dos hermanos quedan huérfanos. Esta niña tiene que haberse quedado físicamente, como era la costumbre en la crianza de la nobleza en este tiempo, habitando en

---

[39] Demause, Lloyd. The Evolution of Childbearing. En: The Emotional Life of Nations, 2002, p. 5. Disponible en:

http://www.psychohistory.com/htm/eln_08_childbearing.htlm.

[40] Ibídem, p. 1.

la casa de su madre donde seguramente había estado viviendo. Debido a que lo común entre la nobleza, en lo que se refiere a la crianza de los niños, era tener aya, nodriza y damas que la atendieran, la presencia de su madre era importante pero no era eminentemente necesaria. A pesar de que ella se encontraba físicamente viviendo en la casa de su madre, educacionalmente, estaría bajo la tutela de su padre, don Alfonso, el conde de Barcelos.

En cuanto a su educación, durante su niñez, es de importancia mencionar que tiene que haber sido, en una forma u otra, cuidadosamente orquestada por su padre. En otras palabras, a pesar de que era huérfana de madre, y su padre se encontraba ocupado atendiendo a las necesidades de la conquista de África, sus propiedades y/o las responsabilidades de la monarquía, Isabel de Barcelos fue educada con gran esmero.

Evidencia de esta educación se puede constatar más adelante en su vida, porque ella sería la responsable por la educación de sus cinco hijos y ayudaría con la crianza de sus nietos: Isabel de Castilla y Alfonso, cuando se establece en Arévalo. Ella creció en el meollo del bullicio portugués escuchando historias sobre: las expediciones de exploración de los portugueses al norte de África; la dedicación a la corona portuguesa y el éxito de su abuelo el Condestable don Nuño Álvarez en la batalla de Aljubarrota en 1385; la conquista de Ceuta en 1415; y la dedicación a la exploración naval del gran maestre de la Orden de Cristo, el duque de Viseu, su tío, don Enrique el Navegante.

En 1420 su padre se casa con Constanza de Noroña [41]. En 1422, cuando Isabel de Barcelos tenía diecisiete años, su abuelo materno, el condestable Nuño Álvarez Pereira, repartió sus bienes entre sus nietos antes de entrar en el monasterio y le dio a su nieta:

"... terras, rendas e direitos, segundo entendo, que era iguoaleza, e por poder da sobredita Carta de meu Senhor Rey, dou, e faço pura, e irrevogavel Doaçaõ antre vivos baliadora deste dia para todo sempre, que nunca possa ser revogada, a dita D. Isabel, mina neta, pera si, e todos seus filhos, e netos, e descendentes, que della descenderem, que sejaõ lidimos, destas terras, e rendas adiante declaradas, sc. Das terras, e Julgados da terra de Lousada, e da terra de Paiva, e de Tendaes, com suas rendas, e direitos, e a villa Dalmadãa, e das rendas, e direitos della, a fóra os direitos, e quarto da Quintãa ...anno de Christo de 1422" [42].

Podemos concluir que Isabel de Barcelos recibe de su abuelo, a los diecisiete años, una gran parte de sus tierras y según era la costumbre de este tiempo, ella tenía el derecho de establecer, mantener y supervisar su propia casa, vivir de sus rentas, disfrutar de los derechos que le garantizaban estos ingresos y legar estas tierras a sus herederos.

---

[41] Szászdi Nagi, Op. cit., 2005, p. 122. Doña Constanza de Noroña era la tía de la esposa de Cristóbal Colón, doña Felipa Moñiz.

[42] Caetano de Sousa, Antonio. Historia Genealógica da casa real portuguesa. Tomo II. Coimbra: Atlãntida Livraria Editora, L.da, M. CM. XLVI, p. 89. Traducción: "... deja en herencia a su nieta; terrenos, alquileres y derechos para nunca ser revocados. Y para que hereden también todos sus descendientes incluyendo Lousada, Paiva y Tendaes con sus ingresos y derechos, la villa Dalmadãa, y un cuarto de Quintãa...año de Cristo de 1422".

En 1424 sus hermanos y su padre deciden casarla con:

"... seu tio, o Infante D. Joào, Meste da Orden de Santiago, passando o casal a viver principalmente em Alcácer do Sal..." [43]. Para llevar a cabo este matrimonio, debido a que eran tío y sobrina, se obtuvo un documento papal el 10 de noviembre de 1424. Su hermano, don Alfonso, el conde de Ourem "mostrando o gosto destas vodas, lhe fez Doaçaõ do Reguengo, e Lugar de Collares, com todas as suas rendas..." [44].

Don Joao le llevaba cinco años y con él ella tuvo cuatro hijos: Diego (1425-1443), Condestable de Portugal; Isabel de Portugal (1428-1496), esposa de Juan II de Castilla y madre de Isabel la Católica; Beatriz (1430-1506), casada con su primo, el infante Fernando de Avis, duque de Viseu y madre de Manuel I el Afortunado; y Felipa (1432-1450), señora de Almada, era la prometida de don Alfonso, su tío, hijo primogénito del primer Duque de Bragança (él murió joven).

La felicidad en la vida de Isabel de Barcelos se vio empañada con una serie de sucesos desafortunados que vinieron a turbar la tranquilidad de su hogar. En 1442 quedó viuda a la edad de 37 años, el infante don Juan tenía 42 años. Tuvo la desdicha de perder a su único hijo varón, Diego (tenía dieciocho años), en 1443, un año después de quedarse viuda. También en 1443 toman rehén a su

---

[43] Machado, Op. cit., p. 331. Traducción: "con su tío, el infante D. Juan, Maestre de la Orden de Santiago y viviría en Alcácer do Sal."

[44] Caetano de Sousa, Op. cit., p. 88. Traducción: "demostrando el apoyo que tenía por estas bodas hizo la donación de Doaçaõ de Reguengo y de Lugar de Collares con todas sus rentas...".

yerno y tío, Fernando el Santo, el esposo de su hija Beatriz, y él murió en Marruecos, en la prisión de Fez. En 1449 muere su tío, el Regente don Pedro, en la batalla de Alfarrobeira, luchando contra las fuerzas de Alfonso V, su sobrino. Muere su hermano mayor, don Alfonso, prometido de su hija Felipa y en 1450 muere ella a los dieciocho años. La última muerte que viene a perturbar la paz de su casa ocurrió en 1454 cuando muere su yerno, el rey Juan II de Castilla, esposo de su hija Isabel de Portugal.

En 1454 le quedan vivas dos hijas que se habían quedado viudas: Beatriz e Isabel de Portugal. Su hija más conocida y la que más se benefició de su ayuda fue Isabel de Portugal (1428-1496), la madre de Isabel de Castilla

Su vida en Arévalo

No existe documentación que ayude a fijar la fecha exacta en que Isabel de Barcelos se muda a la villa de Arévalo a vivir con su hija; fue probablemente en 1454, cuando muere el rey Juan II y su hija se muda a Arévalo.

Esta villa estaba vinculada al realengo y el rey Juan II la protege y privilegia como puede constatarse cuando "...en 1444 Juan II le da carta de privilegio, y parece indicar que lo que hace es ratificar la pertenencia de Arévalo y su Tierra a la Corona de Castilla introduciendo una nueva condición, la de no ser enajenada" [45]. En cuanto a su población: "A lo largo de la Edad Media, la villa adquirió gran

---

[45] Guerra Sancho, Ricardo. El palacio de Juan II en Arévalo (Ávila). Obra inédita. 1998, p. 9. Este documento contiene los resultados del estudio arqueológico del Palacio.

importancia como población y lugar de convivencia entre las tres culturas, razas, religiones: judíos, moros y cristianos y aquí edificaron barrios diferenciados, sinagogas, mezquitas e iglesias" [46].

Precisamente, es durante el reinado de Juan II que la minoría judía recibió el "ordenamiento" de las aljamas por medio de la Pragmática de Arévalo dictada por el monarca desde Arévalo en 1443, que "suavizaba las presiones que contra ellos se ejercieron anteriormente" [47].

Palacio Real de Arévalo; desaparecido. Foto cortesía del Archivo de La Alhondiga: Asociación de Cultura y Patrimonio.

---

[46] Guerra, Ricardo, et al. Arévalo y su tierra: a la luz de ahora, con mirada de siglos. Valladolid: Imcodavila, 1993, p. 28.

[47] Ladero Quesada, Miguel A. Los mudéjares de Castilla en tiempo de Isabel I. Valladolid: Instituto "Isabel la Católica, 1969, p. 29.

La población mudéjar de Arévalo era también muy numerosa y poderosa, se componía en 1495 de una numerosa aljama, de 107 <<pechas>> 48 . Debido al tributo cobrado a los mudéjares se puede calcular que, durante la estancia de Isabel de Barcelos en Arévalo entre 1454 y 1465, por lo menos 100 familias mudéjares tienen que haber vivido en la villa 49 . En cuanto a la población que se encontraba en Arévalo se tiene constancia de que, en 1290, aproximadamente 400 judíos pagaron el "Padrón de Judíos" o "Padrón de Huete" que fue ordenado por Sancho IV, y que hasta 1492 la población judía ocupaba el barrio del Arrabal, El Salvador y San Juan de Dios, hacia el Adaja.

El Palacio Real de Arévalo

El Palacio Real de Arévalo fue construido a finales del S. XIV y la posible fecha de edificación es entre 1366 y 1379. Fueron sus Sexmos, sus Juntas y el pueblo todo quienes construyeron esas casas que ofrecieron al primer monarca de la casa de Trastámara 50 . Sobre la arquitectura del Palacio se ha concluido que estaba construido "...en forma de U desigual y en su patio, había un jardín y huerto, y estaba cercado por un elevado muro de ladrillo y tapial, que tenía una altura y grosor concreto, construido de pilares y rafas de ladrillo y tapial o mampuesto menudo de caliza, sobre un zócalo de

---

[48] Ibídem, p. 17.

[49] Guerra, et al., Op. cit., p. 28.

[50] Guerra, Ricardo, et al. Palacio de Juan II en Arévalo (Ávila). Actas del V Congreso de Arqueología Medieval Española, Valladolid, 22-27 de marzo, 1999.

piedra caliza local, la denominada "piedra de rajuela"[51]. En conclusión, Isabel de Barcelos viene a vivir a una casona vieja, de dos plantas, a una vecindad compuesta de cristianos, judíos y musulmanes en medio de la meseta castellana [52].

Este palacio se encontraba frente a la plaza del Real y su costado se encontraba paralelo a la calle de San Juan, entre las entradas de Alcocer y de San Juan. Sobre la descripción del palacio entre los años de 1454 a 1465 sabemos muy poco, pero a pesar de que tenemos muy escasa información, puede decirse que seguramente en el "...interior del palacio,...la casa era sobria rallando con lo humilde...y el ambiente familiar también, dentro de lo que eran las casas palacio medievales castellanos, que todo lo arreglaban con cuatro muebles, enseres, tapices y coladuras para vestir las frías y blancas paredes desnudas"[53]. Además, existe otro problema que este palacio tenía, y es que, en comparación, de acuerdo con la documentación que tenemos hoy día sobre el palacio de Arévalo, el palacio de Arévalo era más pequeño que el palacio real de Madrigal.

En conclusión, el palacio residencial no debe de haber sido muy acogedor ya que era una casona vieja construida hacía cien años y no se destacan documentos que comprueben que se hicieron obras para repararlo, mejorarlo, mantenerlo o agrandarlo en 1454 cuando Isabel de Portugal se muda a residir en él. La familia se tiene

---

[51] Guerra, Op. cit., 1998, p. 5.

[52] Ibídem, p. 6. Esta piedra aparece "en venas entre las arcillas, en su extracción se quebraba o rajaba y no se podía labrar".

[53] Guerra, et al., Op. cit., p. 22.

que haber mudado al palacio a limpiar, reparar y acomodarlo lo mejor que pudieron sin disfrutar de unos aposentos que se encontraran a la altura de cómo la reina Isabel de Portugal y su casa estaba acostumbrada a vivir según su nacimiento y su posición social y económica.

Maqueta del Palacio Real de Arévalo; desaparecido. Esta maqueta se encuentra en la Casa de los Sexmos. Foto cortesía del Archivo de La Alhondiga: Asociación de Cultura y Patrimonio.

La razón por la cual Isabel de Barcelos se muda con su hija puede analizarse desde varios puntos de vista. Una posibilidad es que lo hizo debido a que para esta fecha (49 años), ya estaba viuda hacía muchos años (1442) y/o su hija la necesitaba y tenía que ayudarla. La situación política de la reina era muy complicada; una ojeada a las capitulaciones del matrimonio de Isabel de Portugal (1447) y el testamento de Juan II (1454) denota que existe un conflicto de intereses para Isabel de Portugal entre ambos documentos. Las capitulaciones del matrimonio de la reina proveían para que:

"...falecendo El Rey de Castella primeiro, que a Rainha sua mulher, e querendo voltar para Portugal, o pudesse fazer, sem para isso seria privada do dominio da Cidade de Sorea, e mais terras, e rendas, até que fosse inteirada do seu dote, e arrhas. Foy este contrato ratificado com juramento pelo Embaixador, como Procurador delRey de Castella, com quem a Princeza se havia de recebe rem virtude do poder, com comminaçaõ de haver de pagar qualquer das partes, que faltasse ao cumprimento deste Tratado, cincuenta mil escudos de bom ouro, e justo peso do cunho da moeda corrente de Castella"[54].

Por lo tanto, la posibilidad del retorno de Isabel de Portugal a Portugal en caso de que el rey muera era posible en las capitulaciones; sin embargo, en las mismas no se provee una dispensa que le otorgue el permiso para regresar con los hijos de él; con sus hijos. En otras palabras, no se tomó en cuenta dispensar los hijos para que ellos regresaran con ella a Portugal.

El testamento le da a la reina la autoridad para ocuparse de la tutela de los niños, el rey insiste en que ella tiene derecho a estar a

---

[54] De Sousa, Caetano. Op. cit., p. 93. Traducción: "si moría el rey de Castilla primero que la reina, su esposa, y ella quería volver a Portugal, podría prescindir de esto y sería el dominio privado de la Ciudad de Soria, y más tierras y de los alquileres porque estaban muy conscientes de su dote, y arras. Fue este contrato ratificado con juramento por el Embajador, como procurador del rey Castilla, a quién la princesa tenía que ratificar virtud del poder, con comunicación allí para pagar cualquiera de las partes que no tenían el cumplimiento de este Tratado, cincuenta mil escudos de oro, y sólo el peso de la impronta de la moneda castellana"

cargo de la educación de sus hijos siempre que ella "...estuviese en mis regnos y mantuviese castidad, e non en otra manera"[55].

Existía otro conflicto muy serio para Isabel de Portugal, el rey era muy consciente de la importancia de que solamente quería que atendieran y sirvieran a sus hijos personas castellanas. A pesar de que Juan II no dice directamente que no quiere portugueses atendiéndolos, la disposición del testamento en 1454 es clara, él quiere que sus hijos sean atendidos y servidos por castellanos solamente.

Palacio del rey Juan II, Arévalo; foto tomada desde la Plaza del Real, ca. 1900. Colección Carmen Alicia Morales.

Es de notarse que si Juan II expresamente testa esta voluntad es porque en 1454 al redactar su testamento la casa de la reina Isabel de Portugal era portuguesa. El rey, para salvaguardar las necesida-

---

[55] Colección Diplomática de Enrique IV (Memorias de don Enrique IV de Castilla) 1835-1913, Madrid: Real Academia de la Historia, 1913, No. 19-20, p. 119.

des del futuro del reino en el cual se necesitaría herederos castellanos, preveía que la educación de sus hijos tenía que llevarse a cabo en castellano. Evidentemente, el rey temía que la reina continuaría disponiendo de una casa portuguesa. Él quería que sus hijos fueran educados por personas de su propio reino para que en el futuro tuvieran la oportunidad de tener igualdad de derechos y oportunidad para reinar, si era necesario. Estas condiciones eran parte del protocolo educacional del "rey" castellano y de reinar en Castilla. El rey estaba consciente de que quería que conocieran bien el reino y su cultura y que fueran queridos y bien reconocidos en Castilla"[56].

Existe otro problema muy serio que Isabel de Portugal toma en cuenta, al morir Juan II, Enrique IV no tiene herederos y se sospecha que no va a dejar herederos para el trono castellano. Sus hijos, serán los herederos del trono en caso de que Enrique IV no deje herederos. Por lo tanto, Isabel de Castilla y Alfonso tienen que ser educados para ocupar el trono castellano en caso de que no exista un heredero de Enrique IV para la corona castellana. Isabel de Barcelos va a vivir a esta villa porque Arévalo era, además, parte de la dote de Isabel de Portugal, su hija, en las capitulaciones del matrimonio, y es también parte de su herencia vitalicia en el testamento de Juan II[57].

---

[56] Morales Castro, Carmen Alicia. Isabel de Castilla: una psicobiografía. Tesis Doctoral, Ph. D. de la Universidad de Valladolid. Departamento de Historia Antigua y Medieval, Valladolid, 2009, p. 142.

[57] De Palencia, Alonso. Crónica de Enrique IV, Década I. Madrid: Biblioteca de autores españoles, 1973, p. 54.

Por otro lado, según el cronista Alonso de Palencia, ella vino a Arévalo porque necesitaba atender y cuidar la casa de su hija debido a "...la creciente locura de su hija causada por la muerte de su esposo"[58]. Arévalo era parte de la dote que su hija recibió en las capitulaciones del matrimonio, y es también parte de la herencia vitalicia en el testamento de su esposo, el rey Juan II de Castilla[59].

No debe haber sido una decisión fácil para Isabel de Barcelos, ella parte a Castilla sabiendo que a lo mejor no volvería a Portugal, por otro lado, no se tiene conocimiento de que hablaba castellano. La razón o razones por las cuales toma esta decisión eran lo sufi-

---

[58] De Palencia, Alonso. Crónica de Enrique IV, Década III. Madrid: Biblioteca de autores españoles, 1975, p.185.

La "creciente locura" de Isabel de Portugal es debatible y subjetiva. El cronista no está exento de la imaginería cultural sobre el concepto de "la locura" que existía durante el periodo medieval. Paulatinamente, los locos se convirtieron en el hazmerreír de poetas, trovadores y miniaturistas que iban recreando en sus composiciones una imagen negativa y repulsiva. (Para más información sobre este tema Enrique González Duro. Historia de la locura en España. Tomo I, Siglos XIII al XVII. Historia de la España Sorprendente, Temas de Hoy. Madrid, 1994, p. 49). Los locos asustaban, inquietaban, irritaban y molestaban. Al definir la palabra locura se tiene que tomar en consideración que en castellano "locura" es un vocablo femenino y lo que es locura para una persona no lo es para otra porque "la locura" tiene un contexto cultural. Al hablar de "locura" existen diferencias en el contexto femenino de acuerdo con: la clase social (noble, media, trabajadora), las diferencias generacionales (las edades) y las culturales (raciales y lingüísticas) a las cuales pertenece. (Para más información sobre la mujer y la locura se puede consultar Chesler, Phyllis. Women and Madness. New York: Harcourt Brace Hovanovich, 1989, p. 57. Es más común escuchar este vocablo usado para describir la actuación de mujeres que para la de hombres. Cualquier comportamiento que va en contra de lo que el rol estereotipado acepta es considerado "una locura". De acuerdo con Chesler lo que consideramos una locura "...ya sea que aparezca en hombres o mujeres es considerado un comportamiento que va en contra de la evaluación del rol femenino o rechazar total o parcialmente actuar el rol del sexo estereotipado" (Chesler, Op. cit., p. 56). No se tiene documentación con la cual se logre comprobar la verdadera razón de la indisposición de la reina Isabel de Portugal, excepto los comentarios del cronista Alonso de Palencia.

[59] De Palencia, Op. cit., 1973, p. 54.

cientemente poderosas para ir a acompañar a su hija. Tal vez pensó que su estadía en Castilla sería temporera y que una vez se estabilizara la situación de la mudanza, y la familia se acostumbrara a vivir en Arévalo, ella volvería a Portugal.

Aquí, Isabel de Barcelos, se dedica a ayudar a su hija con la casa y los nietos y pasa a formar parte del grupo de mujeres que componen la casa de Isabel de Portugal, desempeñando a su vez la difícil e importante tarea de la abuela en el contexto familiar. Por lo tanto, su nieta, al estar rodeada de mujeres que atendían sus necesidades durante su infancia y se ocupan de acunarla, fue provista de una acogedora casa femenina que a manera de una familia extendida proveyeron sus necesidades infantiles.

Isabel de Barcelos vino a Arévalo para "hacerle compañía" a su hija. "Hacer compañía", en el contexto de relaciones femeninas, es un término general que va atado a una serie de labores o tareas que no son explícitamente expuestas en las crónicas pero que tienen que haber existido. La expresión "hacer compañía", por lo tanto, está relacionada con la función de la vida femenina familiar. Las abuelas, cuando "hacen compañía" a sus hijas, velan por el bienestar de la familia. El bienestar de la familia está asociado con el cuidado de los nietos, en especial en cuanto respecta a la educación, la disciplina, la salud y la alimentación. No cabe la menor duda de que Isabel de Barcelos, en su papel de abuela, ayudaba a su hija con muchas decisiones de beneficio para la administración económica y culinaria de su casa. En este respecto, a la vez que ayudó a tomar decisiones, implantaba un orden administrativo para el funcionamiento de la casa e imponía gustos que se adquirían en el orden de la comida. La labor de la abuela en la sociedad, y en el caso de los

nietos cuyas abuelas están envueltas en su crianza, facilita a los padres el cuido de los niños.

La constante presencia de Isabel de Barcelos le ofrece a Isabel de Portugal experiencia personal y conocimiento generacional que se pasa de una generación a otra. Isabel de Barcelos, ofrece además, algo que más nadie en la vida puede ofrecerle a Isabel de Portugal, su tiempo compartido gratuitamente, su energía (era una mujer de 49 años) y sus recursos de conocimiento ilimitado para incrementar en una forma u otra el bienestar de la casa de su hija. Este acto altruista, de parte de una abuela, es un acto invaluable que solamente pueden y deben pagar los hijos con gratitud. En esta forma, se alimentan los lazos entre los hijos y los padres, o en este caso entre la hija y la madre.

El tiempo que dedica una abuela apoya, estimula y alienta la importancia de la labor de la madre en la crianza de los niños. Las abuelas brindan amor incondicional, paciencia, valores morales e historia de la familia que reafirma la identidad en los niños. Las abuelas, con su constante protección y opinión sobre los problemas relacionados con los nietos, son y han sido, en especial si viven con sus hijas, una ayuda para la crianza de sus nietos. En el caso de Isabel de Barcelos, su presencia es invaluable porque brinda la continuidad del sentido natural y perpetuidad de la vida entre los progenitores; una transferencia generacional que determina parte de la capacidad de la nueva generación para sobrevivir exitosamente.

Contribución a la educación

Existen cuatro destrezas en la educación de Isabel de Castilla que, debido a su edad escolar entre 1454 y 1461, tienen que iniciar-

se y establecerse durante su estadía en Arévalo: las gracias sociales, la escritura, la oratoria, y la lectura. No se tiene documentación para evaluar la filosofía educacional que se utilizó dentro del entorno familiar durante este periodo de tiempo, no obstante, una ojeada a estas áreas que domina más adelante durante su reinado apunta al completo control de una disciplina curricular que se implementó en su casa y que dominó exitosamente como monarca.

Sobre el aprendizaje de las gracias sociales se puede decir que es durante este tiempo que la influencia de su madre y su abuela contribuye a enseñar las gracias sociales que necesitaba aprender para desenvolverse más adelante como monarca. Este conocimiento es importante porque "...el aprendizaje de una serie de comportamientos, usos y gestos, supone un tipo de conocimiento empírico, no requiere una dedicación exclusiva, sino que la convivencia social va mostrando a las niñas, desde la más tierna infancia, cuales son los gestos y comportamientos que deben practicar"[60]. En el ámbito social femenino se enseñan: modales femeninos, comportamiento en la mesa, y administración de la casa noble. Freud afirma que "...lo que opera en el superyó no son solamente las cualidades personales de estos padres sino también todo lo que produjo un efecto determinante sobre ellos mismos, los gustos y estándares de la clase social en la que viven y las características y tradiciones de la raza

---

[60] Cuadra, Cristina, et al. "Notas a la educación de las mujeres". Las sabias mujeres: educación, saber y autoría (siglos III-XVII). Madrid: Asociación

de la que provienen"[61]. En el caso de Isabel de Castilla, al residir en una casa portuguesa, ella es influenciada por los gustos y estándares de la clase social de una familia noble portuguesa de su época. Isabel de Barcelos viene a residir a esta casa, y entre otras cosas, a establecer esos gustos y estándares de la clase social de una familia noble portuguesa a la cual ella pertenecía. Es que durante el periodo de la infancia "...el orden social, en primer lugar, puede conceder al infante, en la medida en que lo mantiene vivo, y proveyendo a sus necesidades de manera específica, lo introduce a un estilo cultural particular"[62]. En otras palabras, su identidad personal es formada y alimentada por, entre otras personas, su abuela, que es uno de los componentes principales, si no el más importante, en su crianza debido a la indisposición de su madre.

Existe además otro componente muy importante que se comparte como parte del orden social y que también ayuda a establecer los gustos y estándares. En el caso de Isabel de Barcelos, lo que ella puede compartir y más nadie puede ofrecer es, el valioso conocimiento sobre los logros de la familia real portuguesa en la primera mitad del siglo XV. Esta información pudo haber sido el legado dado a su hija, Isabel de Portugal, hasta que parte de Portugal en 1447 y mientras vivieron juntas en Arévalo (entre 1454 a 1465). No solamente le es transmitido a su hija, sino que también, dado el caso que convive con su nieta, a Isabel de Castilla, entre los años de 1454

---

[61] Freud, Sigmund. Inhibitions, symptoms and anxiety. New York: W.W. Norton, 1959, p. 122-123.

[62] Erikson, Erik. Identidad, juventud y crisis. Buenos Aires: Editorial Paidós, 1974, p. 39.

a 1461. En el caso de Isabel de Castilla, tener entendimiento del acontecer familiar es fortuito que lo aprecie y se cultive en su vida porque en esta forma, aprende también lo que eventualmente ayudó a "...moldear su identidad como Reina y la misma está ligada a la relación con su entorno político, religioso, social y cultural"[63]. La reina aprendió a valorar sus antepasados y su incepción en la posibilidad de su futuro derecho sucesorio.

Este diálogo sobre antepasados, que se comparte en forma de relato oral de familia en familia, de abuelos a nietos, de padres a hijos, de tíos a sobrinos, sirve específicamente en el caso de Isabel de Castilla, para educarla: primero, le informa sobre historia de las relaciones de las monarquías luso-castellana; segundo, enfatiza los logros personales de los individuos de la monarquía portuguesa; y tercero, se le enseña geografía de Portugal, costumbres, comida y lengua portuguesa. En el área costumbrista, porque en una forma u otra le instruye sobre las costumbres regionales, tal y como, bailes, canciones, chistes, juegos, y/o recetas. Este desarrollo sobre conocimiento familiar lo llama, el psicólogo Erik Erikson, el concepto de "grandeza" del individuo[64]. Este concepto Erikson lo define como la formación de un gran sentido de identidad personal y enfatiza la necesidad que tiene el individuo de que se acepte e imponga su visión personal de la verdad. Según Erikson este concepto le ofrece al niño su rol de importancia dentro del contexto social que lo rodea y

---

[63] Morales Castro, Op. cit., p. 35.

[64] Erikson, Erik. Gandhi's truth: On the Origins of Militant Nonviolence. New York: W.W. Norton, 1969, p. 100.

le inspira a seguir el camino y a imitar a otros familiares que han logrado metas personales y nacionales. En el caso de Isabel ella tiene una serie de familiares portugueses que han logrado metas transcendentales, durante el siglo XV, en especial dentro del orden político, militar y económico y como resultado son dignos ejemplos "mesiánicos" para imitar en el futuro.

Sobre la escritura de Isabel de Castilla se puede decir que a través del análisis de su escritura como monarca, la investigadora Ruiz García concluye que en el área de la escritura "Tal vez el rasgo más significativo sea la soltura de su mano, lo cual indica un uso habitual de la pluma"[64]. Por lo tanto, desde que era una niña escribió, lo hacía a menudo y de esta tarea cotidiana eran responsables dos personas, su madre y su abuela, Isabel de Barcelos. Podemos concluir que, en cuanto a su escritura se refiere, escribía con corrección ortográfica y esta disciplina fue instituida en su casa a una temprana edad por su abuela y su madre. Podemos deducir además que su capacidad para desarrollar una clara expresión estilística (organización de ideas, expresar sus puntos de vista claramente, riqueza de vocabulario, capacidad para persuadir, hacerse entender, etc.) al escribir, es también definitivamente cultivada en Arévalo, porque independientemente de su destreza manual para reproducir letras, a ella se le enseñó a organizar su pensamiento para es-

---

[65] Ruiz Garcia, Elisa. Los libros de Isabel la Católica: arqueología de un patrimonio escrito. Salamanca: Instituto de Historia del libro y de la lectura, 2004, p. 189.

cribir con claridad en castellano y evidencia de esto es su legado documental como monarca.[66]

En cuanto a su expresión oral, se le tiene que haber otorgado la oportunidad de expresarse con libertad, seguridad y enfatizar su corrección en cuanto al tema del cual hablaba. Evidencia documental sobre la monarquía delata esta habilidad en la corte al expresarse con corrección y seguridad públicamente. Sobre la conducta femenina de la joven de esta época "La joven virginal sabe que las mejores palabras de mujer son las no dichas, de manera que guarda en su corazón los vocablos y se limita a hacer las preguntas imprescindibles y a dar breves respuestas..."[67]. De esta constante disciplina, al guardar silencio, seguramente se desarrolla la capacidad de Isabel de Castilla "para escuchar cuidadosamente cuando era necesario. Y de esto primeramente se tienen que haber ocupado su madre, su abuela y las damas que la rodeaban diariamente debido a que esta es una tarea que se desarrolla específicamente en la edad escolar y se mejora con la práctica cotidiana"[68].

El conocimiento de la lengua portuguesa y castellano tiene que haberse practicado y establecido no solamente con una casa portuguesa sino también con la presencia de Isabel de Barcelos en Arévalo porque la lengua no termina de desarrollarse durante la infan-

---

[66] Morales Castro, Op. cit., p. 160.

[67] Cuadra, et al., Op. cit., p. 18.

[68] Morales Castro, Op. cit., p. 159.

cia[69]. No obstante, mientras que practicaba la lengua portuguesa familiarmente tiene que haber comenzado su educación en castellano. Cuando los niños son educados aprenden a conceptuar la estructura gramatical de su lengua y/o las lenguas que están aprendiendo.

La lectura es la técnica intelectual más importante porque "...la lectura abre las puertas a todas las puertas"[70]. Durante este periodo de tiempo Isabel de Castilla se tiene que haber interesado por los libros que seguramente leían las damas, su madre y su abuela y que probablemente ella veía en sus manos y los quería tomar. El ojear libros es una distracción que tanto a los infantes como a los niños a esa temprana edad les fascina. Ella, siendo parte de una casa noble culta tiene que haber visto, leído y/o sido expuesta a ver libros a su alrededor. En especial, tiene que haber visto leyendo a las mujeres que la rodeaban y a su madre. Un ejemplo de la visión de Isabel de su madre se encuentra reflejado en la tumba de su madre, en la Cartuja de Miraflores en Burgos; Isabel de Portugal se encuentra reposando con un libro abierto entre sus manos, como si lo estuviera leyendo. Además de desarrollar el conocimiento de los conceptos fundamentales de vocabulario, gramática, y escritura, el desarrollo

---

[69] Newman, Barbara & Newman, Phillip. Development through Life: A Psychological Approach. Pacific Grove: Brooks/Cole Publishing Co., 1995, p.

[70] Ibídem, p. 369.

de la lengua de Isabel tiene que continuar ampliando los temas que cultivaría durante su vida[71].

Es también durante este tiempo en Arévalo que se tiene que comenzar "La educación religiosa franciscana a la cual fue sometida Isabel estimulaba la constante lectura religiosa y la oración para lograr un estado de perfección femenina..."[72]. No cabe la menor duda que "La influencia de los padres en relación a la capacidad de los niños para leer es esencial porque esa importancia puede decidir, eventualmente, en el futuro su capacidad para tener éxito en la vida"[73]. Por lo tanto, es importante el valor que los padres le dan a la lectura, es importante el valor que los padres le dan a triunfar académicamente en relación con la lectura y otros menesteres de aprendizaje, son importantes los materiales de lectura que se le ofrecen al niño en el hogar, es importante el tiempo que los padres pasan leyendo con sus hijos y son importantes las oportunidades que se le brindan al niño para tener interacción verbal en el hogar[74]. Podemos concluir que es en Arévalo que Isabel de Castilla aprende a leer y que esa capacidad educacional se debe al aprendizaje co-

---

[71] Para un análisis completo de los libros y las materias que leía Isabel de Castilla véase el estudio Los libros de Isabel la Católica: arqueología de un patrimonio, de Elisa Ruiz García sobre este tema.

[72] Morales Castro, Op. cit., p. 344.

[73] Ibídem, p. 337.

[74] Hess, Robert & Holloway, Susan. Family and School as Education Institutions, Review of Child Development Research. En: The Family. Chicago: University of Chicago Press, 1984, p. 179-222. Sobre este tema recomiendo también el libro de Schickedanz, James. More than the ABC's: The Early Stages of Reading and Writing, -Washington, D.C.: National Association for the Advancement of Young Children, 1986.

tidiano y a la disciplina que se llevó a cabo en la casa de su madre y de su abuela.

En conclusión, la influencia de Isabel de Barcelos durante la niñez de Isabel de Castilla es absolutamente imprescindible tanto para la hija, Isabel de Portugal, como para los nietos y la casa en general. Isabel de Barcelos pasa a formar parte del grupo de mujeres que componen la casa de Isabel de Portugal, desempeñando a su vez la difícil e importante tarea de la "abuela" en el contexto familiar. Por lo tanto, Isabel de Castilla, al estar rodeada de mujeres que atendían sus necesidades durante su infancia, y se ocupan de acunarla, fue provista de una acogedora casa femenina que a manera de una familia extendida proveyeron sus necesidades infantiles.

En 1465 mientras el infante don Alfonso visitaba su madre en la villa de Arévalo la armonía familiar se vio afectada porque las fuerzas enriqueñas atacaron la villa. No existe documentación que compruebe la fecha exacta de la muerte de Isabel de Barcelos ni si existe alguna relación entre la visita y la muerte de ella. Existe la posibilidad de que el infante se encontrara visitando a su madre para darle el pésame.

Isabel de Barcelos murió en Arévalo en 1465 y la única prueba que se tiene de esto es la crónica de Palencia, "...siendo enterrada... en el convento de franciscanos observantes, extramuros de Arévalo..." [75]. De ser así, se encontraría en Arévalo, en el convento fran-

---

[75] De Palencia, Op. cit., p. 185. En el Monasterio de Batalha se encuentran enterrados el infante don Juan e Isabel de Barcelos. Disponible en:

ciscano, excepto que tiene que haber sido transferida a Portugal más adelante porque en el Monasterio de Batalha, junto al infante don Juan. se encuentran los restos de esta tesonera mujer que no vivió para ver el fruto de su trabajo y lo que su dedicación como madre y abuela brindó a Isabel de Castilla y como consecuencia a Castilla.

http://www.mosteirobatalha.pt/pt/video/myVideo.php?video=./data/flv/MB_pt/mosteiro_bata lha.flv.

Tumba de la reina Isabel de Portugal; Cartuja de Miraflores, Burgos. Escultor Gil de Siloé, 1489-1493. Foto ArteHistoria: Arte y Cultura en Español.

ISABEL DE PORTUGAL

En abril de 1446, García Sánchez de Valladolid, delegado de Don Álvaro de Luna, fue a Portugal a negociar el matrimonio de Isabel de Portugal (1428-1496) con el rey Juan II de Castilla [76].

Vida matrimonial

El 15 de octubre de 1446 obligaban a Isabel de Portugal a que aceptara la renuncia a su herencia familiar para casarse con el rey

---

[76] Verrísimo Serrão, Op. cit., p. 57.

de Castilla [77]. Con esta decisión, aceptó además vivir a expensas de lo que le iba a ofrecer su dote matrimonial y esto exigía un gran sacrificio para llegar a ser la esposa de Juan II de Castilla. Tenía que abandonar su familia portuguesa para vivir en la pequeña villa de Madrigal, su cultura portuguesa, su lengua (excepto por el grupo de doncellas y dueñas que la acompañaban y hablaban portugués), su tierra, y como si todo lo demás no fuera poco, su herencia familiar. Si calculamos la edad de Isabel de Portugal, tomando como referencia el matrimonio de sus padres en 1424 se puede concluir que nació en 1425 y tenía cerca de 22 años (el rey Juan II tenía 42 años) cuando contrajo matrimonio el 22 de julio de 1447 en el altar mayor de San Nicolás de Bari en Madrigal [78].

Sobre los detalles de las capitulaciones matrimoniales Tarsicio de Azcona comenta que: "Las conversaciones prematrimoniales se tuvieron en Évora, ostentando la procuración de Juan II el embajador especial García Sánchez de Valladolid. Sus poderes eran amplios e iban integrados por la dispensa pontificia de Eugenio IV, dada en Roma el 5 de noviembre de 1445 por el breve "Percelsa dignitatis", puesto que entre los contrayentes existía tercer grado de consanguinidad" [79].

Entre los conceptos de dote recibiría: "...45,000 florines de oro de Aragón, a cargo de la deuda contraída por la corte de Castilla

---

[77] De Azcona, Tarcisio. Isabel la Católica: Estudio crítico de su vida y su reinado. Madrid: Biblioteca de Autores Cristianos, 1993, p. 9.

[78] Ibídem.

[79] Ibídem, p. 8.

en 1445. A los veinte días de ratificado el matrimonio, la de Portugal se tendría por satisfecha de dicha deuda, y la documentación sería entregada a la misma reina una vez consumado el matrimonio y una vez que recibiese las ciudades de Soria, Ciudad Real y Madrigal y el asentamiento de tres millones de maravedís. Como herencia paterna y materna recibía Isabel 60,000 florines de oro, que se le harían efectivos al morir su madre"[80].

La ciudad de Soria era, dentro de las capitulaciones, la parte de la dote de la cual seguramente devengaría más seguridad en su vida matrimonial. Para asentar su casa recibiría "...las ciudades de Ciudad Real y Madrigal con su jurisdicción y rentas, y 1.350.000 maravedís al año" y más adelante, asegura Tarsicio de Azcona, que "La corte de Portugal exigió, además, una buena fianza de que Castilla cumpliría todas estas bases contractuales: 100,000 doblas de oro, y en su defecto la ciudad de Toro, que no podría ser arrebatada a Portugal ni en caso de guerra"[81]. El infante don Pedro, su tío, la representó en las negociaciones de las capitulaciones del matrimonio.

Además del conocimiento que se tiene sobre las capitulaciones de su matrimonio, las breves apariciones de Isabel de Portugal en las crónicas castellanas permiten un acercamiento a la circunstan-

---

[80] Ibídem. Noten la deferencia derogatoria, la falta de trato regio de parte del historiador Tarsicio de Azcona cuando se refiere a la reina Isabel de Portugal y la llama "la de Portugal".

[81] Ibídem. Soria era el centro de la mesta más importante de Castilla (López-Davalillo Larrea, Julio. Atlas de historia contemporánea de España y Portugal. Madrid: Síntesis, 1999, p. 115.)

cia político matrimonial que la rodeaba hasta la muerte de Juan II. No se debe olvidar que:

"La historiografía tradicional, que tanto interés ha mostrado por las figuras de los monarcas, por los hechos históricos que enmarcan sus vidas, incluso por sus motivaciones personales más íntimas, ha prestado—en líneas generales—escasa atención hacia las soberanas. De tal manera que éstas, con honrosas excepciones, quedan ocultas por el velo de la Historia, se convierten casi en fantasmas... conocemos unos pocos datos...dicho olvido resulta aún más patente en el caso de las reinas consortes" en especial si estas reinas vienen de otros países [82].

En la Crónica de Enrique IV, el cronista menciona por primera vez a Isabel de Portugal en el momento en que Álvaro de Luna (Maestre de Santiago y mano derecha del rey Juan II) concierta su matrimonio:

"Reflexionando pues, sobre estos y otros semejantes riesgos, ocurriósele la idea de disponer a su talante el segundo matrimonio del Rey; y como los de los soberanos son difíciles de concertar, y luego, su confirmación ocasiona las más veces inesperados peligros, juzgó más segura la elección de doña Isabel, hija del infante D. Juan, prima de su gran amigo D. Pedro, Regente de Portugal, y nieta del rey D. Juan..." [83].

---

[82] Pérez de Tudela y Rábade Obradó, Op. cit., p. 357.
[83] De Palencia, Op. cit., 1973, p.30.

Las bodas de Isabel de Portugal "...celebráronse con gran solemnidad y universal beneplácito", en otras palabras, con pompa
y regocijo 84 . Estas bodas eran utilizadas para ser parte del espectáculo político que manipulaba Álvaro de Luna, dedicado a ganar
puntos en el círculo de intimidad del rey Juan II y a su vez atraer a
su favor las relaciones luso-castellanas. Desafortunadamente esta
boda produjo para D. Álvaro de Luna, el hombre que concierta el
matrimonio, "...resultados muy diferentes de los que al principio
se prometiera, pues el Monarca, ya próximo a la vejez, se apasionó
por la tierna doncella, y empezó a gustar con más libertad del honesto trato de la hermosísima esposa..." 85 .

Personalidad de la Reina

Palencia describe la llegada a Castilla de una "tierna doncella",
es decir, doña Isabel es descrita como una joven dulce. No obstante, a pesar del apasionamiento del rey por la joven, le tomó cuatro
años quedar embarazada. Una posibilidad es que el rey, envuelto,
como se evidencia en el análisis de las crónicas, apenas la veía, y
padecería la intimidad de su relación por falta de privacidad con
ella. Poseía doña Isabel una segunda característica que pareció ser
muy importante para el rey, y es sin duda, una de las razones por
la cual se enamora de ella: era de "honesto trato". Si Palencia dis-
tingue que era de "honesto trato" es porque no era común encon-
trar personas/mujeres de "honesto trato" dentro del ambiente so-

---

84 Ibídem.

85 Ibídem.

cial en que el rey se codeaba. La característica del "honesto trato" no hubiera resaltado a la vista del cronista si hubiera sido una característica común. Por último, cuando se describe a Isabel de Portugal, la reina no era bella, hermosa o bonita, el cronista la describe con un adjetivo superlativo, "hermosísima", y por consiguiente entre su trato y hermosura el rey se enamora de ella.

Marcelino Menéndez y Pelayo indica que cuando se trata de describir la belleza y la virtud de los seres humanos, la historia se nutre de los géneros literarios, y en especial, de la poesía. Porque la historia: "no está solamente en las crónicas; y precisamente lo que las crónicas dejan en olvido, por ser notorio a los contemporáneos, es lo que para nosotros puede dar más sabor de realidad al relato histórico, completándole y realzándole con su propio y adecuado colorido [86].

La reina inspira al poeta don Iñigo López de Mendoza (1398-1458), primer marqués de Santillana, "...bajo muchos aspectos el primer escritor de su tiempo,...el hombre de más valía y amena cultura que honró la corte de Juan II" [87]. Al igual que Palencia lo hace en su crónica, el Marqués de Santillana le compone versos a Isabel de Portugal enfatizando y ensalzando su hermosura física y su inigualable gentileza. En este verso López de Mendoza apunta

---

[86] Menéndez y Pelayo, Marcelino. Poetas de la corte de Juan II. Madrid: Colección Austral Espasa Calpe, 3ra. Ed., 1959, p. 55.

[87] Ibídem, p. 107.

que la reina es merecedora de pertenecer, evidentemente por su belleza, en los frescos de Giotto di Bondone (1267-1337) 88 :

... Dios vos fizo sin emienda
de gentil persona y cara,
e sumando sin contienda,
qual Gioto no vos pintara 89 .

Al leer estas líneas no podemos menos de recordar a un Quijote describiendo a su Dulcinea como una mujer inalcanzable, mujer imposible de conquistar. El poema vuelve a enfatizar la hermosura de la reina, morada de la especialísima cualidad de la "virtud" al expresar:

Siempre la virtud fuyó
a la extrema fealdad,
e creemos se falló
en compañía de beldat;
pues no es quistion dubdosa
ser vos su propia morada,
illustre Reyna fermosa 90 .

Es en el Cancionero del poeta palentino Jorge Manrique (1440-1479), siendo: "...en una estrofa dedicada al rey Juan II y la reina durante el nacimiento de su hija Isabel de Castilla, donde es clara,

---

88 Pintor, escultor florentino que se dedica a pintar temas religiosos.

89 Del Río, Ángel. Historia de la Literatura Española. Vol. I. New York: Holt, Rinehart and Winston, 1961, p. 142. Giotto di Bondone (1267-1337) fue un pintor y arquitecto florentino. Entre sus contribuciones artísticas se considera que precede el Renacimiento.

90 Ibídem, p. 92. La fealdad y la belleza, según el escritor Humberto Eco, deben ser entendidas según el momento histórico y los cánones estéticos dominantes de ese periodo (Eco, Umberto. La historia de la fealdad. Barcelona: Lumen, 2007).

una vez más, la característica de "virtud" en la personalidad de la reina [91]. La reina es descrita en una forma diferente cuando el poeta recapacita sobre sus capacidades de poder, "poderosa", y de inteligencia, "seso", para ser tan joven. En esta estrofa Manrique no anda con titubeos, él afirma que, para su juventud, ella era muy madura, inteligente y poderosa. Cualidad que ya era evidente en la firma de las capitulaciones pero se agudiza durante su matrimonio y vivencia en Castilla entre 1447 y 1451. Si el poeta describe a la reina como "muy poderosa" será con referencia al control sobre el rey, y si existe control sobre el rey es de esperar ramificaciones de control sobre las decisiones de la monarquía:

> ...acaten, Señor, a vos
> e a la muy poderosa
> Reyna, cuya onestidad,
> seso, bondad e virtud,
> para ser en joventud,
> es en grande stremidad [92].

En conclusión, a Castilla llega, en 1447, una novia saludable, virtuosa, hermosa y honesta. Los cuatro versos "no suenan a ditirambo, sino a testimonio, y abren grandes posibilidades para interpretar la educación..." que vemos más adelante reflejada en el comportamiento y la personalidad de la reina [93]. En 1451, al nacer la primera hija de Isabel de Portugal, su honestidad y virtud son

---

[91] Ibídem.

[92] Ibídem, p. 97-98.

[93] De Azcona, Op. cit., p. 15.

admiradas por los cronistas y los poetas, no obstante, su inteligencia y su poder tienen que haber sido armas temidas por los hombres que están relacionados muy de cerca con una monarquía, en especial si son poseídas y manipuladas por una mujer.

Problemas políticos

El principio del distanciamiento entre el Maestre y el Rey comienza cuando el Maestre, después de la boda, cree que el rey necesita privacidad para que durante los primeros meses del matrimonio se desarrollara una relación de intimidad entre el rey y su esposa y evidentemente: "... no atreviéndose el Maestre en aquellos primeros tiempos del matrimonio a turbar con la acostumbrada energía el regalo y no interrumpida serie de goces del soberano" se aleja de ellos [94]. La relación entre los reyes es celada por el Maestre posiblemente porque ya no tenía acceso para influenciar al rey tan frecuentemente como solía hacerlo antes de presentarse la nueva esposa.

Es que una mirada a la situación de las reinas:

"...muchas de estas mujeres (refiriéndose a las reinas consortes) debieron de ejercer una influencia, menor o mayor, directa o indirecta...sobre sus maridos, en cuestiones políticas, gubernativas y del más variado tipo, sin olvidar la posibilidad que tenían las soberanas de convertirse en cabezas de partidos, a veces opuestos

---

[94] De Palencia, Op. cit., 1973, p. 31.

a aquellos otros que se aglutinaban en torno a la persona del propio monarca"[95].

En conclusión, la reina era temida porque su capacidad para obtener la atención del rey cuando ella estaba presente públicamente era evidente. En cualquier caso el maestre procurará controlar la relación del rey con su mujer.

En la Crónica del Halconero de Juan II se menciona a Isabel de Portugal una sola vez, un año después de haberse casado, en 1448 el Rey manda a Álvaro de Luna que se entreviste con el infante don Pedro de Portugal en Ledesma[96]. Álvaro de Luna y el rey parten por el camino de Tordesillas para Madrigal, donde se encontraba la reina: "...e dende para Arévalo, continuando su camino para Madrigal. E allí estuvieron algunos días platicando con los procuradores del rreyno... para las necesidades que estonce ocorrían..."[97]. Concluida la reunión de las cortes en Madrigal (y dicho sea de paso, la única vez que se documenta en las crónicas reunión de las cortes en Madrigal durante la monarquía de Isabel de Portugal y Juan II), parten a Escalona;

---

[95] Pérez de Tudela y Rábade Obradó, Op. cit., p. 358.

[96] Don Pedro había llegado a ser el regente y gobernador de Portugal a la muerte de su hermano el rey don Duarte y debido a que él tenía desacuerdos políticos con su sobrino, el rey don Alfonso de Portugal, se refugió en Ledesma. Álvaro de Luna informa a Juan II sobre la tirantez política de don Pedro con el sobrino. La decisión del rey Juan II de Castilla de apoyar a don Pedro de Portugal estaba influenciada por la previa visita de don Pedro a Castilla y la relación que se estableció durante esa visita. .

[97] Carrillo de Huete, Op. cit., 1946, p. 504.

"... partióse de allí el Rey para tener la fiesta de Navidad en la villa de Madrid; e fuése por Escalona, donde el dicho condestable e maestre de Santiago fizo a los señores Rey e Reyna una notable fiesta. E de allí se partió para la villa de Madrid, para tener allí la dicha fiesta de Navidad, como dicho es" [98].

Esta misma escena de 1448 es relatada en la Crónica de don Álvaro de Luna (Condestable de Castilla y Maestre de Santiago) más detalladamente:

"...e vínose (el rey) a la villa de Valladolid, donde estubo algunos días. E dende partió el Rey e Reyna, e con él el arzobispo de Toledo, e Ruy Díaz de Mendoza, e otros Cavalleros, e vínose a la cibdad de Avila; e estovo el Rey ende fasta entrante el mes de deziembre. Entonces partió el Rey de allí, e la Reyna, e el arzobispo de Toledo, e otros cavalleros, según dicho avemos, e passó los puertos, levando la vía de Escalona, donde el Maestre estaba por estonces" [99].

El cronista enfatiza la magnanimidad del carácter del Maestre expresando que:

"Grand plazer ovo el Maestre como supo que el Rey e la Reyna se venían a la su villa de Escalona; e luego pensó de les ordenar grandes fiestas, con que oviessen plazer. E aquesto mandó el Maestre ordenar lo más alta e magníficamente que pudo; por que

---

[98] Ibídem.

[99] Crónica de Álvaro de Luna, Op. cit., p. 216.

el Rey entre tantos afanes e trabajos como cada día rescebía, oviesse allí algund alegría e plazer" 100 .

En la narración el cronista insiste en resaltar los modales del anfitrión Álvaro de Luna, sus agrados y cortesías para con Isabel de Portugal: "E aun porque la Reyna no avía visto aquella tierra suya, especialmente aquella villa de Escalona; como no avía aún mucho tiempo que era venida de Portugal en los reynos de Castilla" 101 .

Ya hacía un año que la reina no había salido de Madrigal desde que se casó en 1447, las crónicas no registran ninguna visita o encuentro con el rey. Es en este mismo pasadía que Álvaro de Luna mandó llamar a sus monteros para que organizasen una exhibición en la cual "...mandó fazer en un otero que enseñoreaba los otros valles, grandes cadahalsos de madera, donde estuviessen la Reyna e sus dueñas e donzellas, e pudiessen ver bien correr los venados, e matarlos" 102 . Cuando se dispuso el momento de la llegada del rey "...el Maestre salió del monte con sus gentes a rescebir al Rey, e la Reyna; e llegó al rey con gran reberencia, a besarle las manos, e después a la Reyna" 103 .

¿Agradaría a la reina ver una cacería? Es importante mencionar que: "... la Reyna con sus dueñas e donzellas subieron a sus cadahalsos que el Maestre avía mandado fazer, donde mirassen

---

100 Ibídem. p. 217.

101 Ibídem.

102 Ibídem, p. 218.

103 Ibídem.

correr el monte...e ovierron mucho plazerr; e non menos la Reyna, e sus dueñas e donzellas, que estaban en el lugar donde veían muy bien" [104]. La crónica apunta que las damas y la reina tuvieron "mucho placer" quiere decir que la reina disfrutaba de la cacería. Esta escena es importante porque la caza y la cacería será disfrutada más adelante por su hija Isabel de Castilla, también.

Debido a la detallada descripción, durante estas fiestas, de la relación entre Isabel de Portugal y sus acompañantes portuguesas podemos concluir que la reina era una mujer de trato amable y cortés. La personalidad de la reina es expuesta con tonos de felicidad al describir que: "E después cavalgaron, e con mucha alegría fuéronse para la villa de Escalona, y el Rey e la Reyna y el maestre fueron a decabalgar al alcázar" [105]. "Cabalgaron", quiere decir que la reina, al igual que su hija Isabel de Castilla durante su adolescencia y juventud, gustaba de cabalgar.

El cronista utiliza la reacción de los portugueses que acompañaban a la reina cuando llegan a la casa del Maestre. El propósito del cronista es destacar la casa tan ostentosa del maestre [106]. Esta

---

[104] Ibídem, p. 219.

[105] Ibídem.

[106] Si los portugueses que se encontraban con Isabel de Portugal admiran tanto la casa del Maestre existen varias posibilidades por las cuales la admiran. Existe la posibilidad que el cronista quiera exaltar la opulencia de la casa de Álvaro de Luna y dramatiza la escena al enfatizar la reacción de los portugueses y no la suya propia; los portugueses venían de la casa de Isabel de Portugal en Madrigal y en contraste con la casa en donde habitaban esta era más portentosa; se preguntarían cómo era posible que la reina vivía tan humildemente cuando el Maestre vivía tan opulentamente; y finalmente puede que el cronista estuviera satirizando la reacción de los portugueses. Por otro lado, esa reacción al ver la casa del Maestre confirma la teoría de que Isabel de Portugal no salía a visitar a nadie de la nobleza que no fuera el Maestre,

impresión posiblemente refleja el pensamiento del cronista que en este caso se aprovecha del pensamiento de los portugueses para expresar su opinión. Por otro lado también puede querer expresar la diferencia entre la casa de la Reina y la del maestre. No obstante, "Algunos portugueses que allí venían con la Reyna, que non avían visto aquella casa, mucho se marravillaron quando vieron aquella entrada de la cassa tan fuerte, e tan magnífica e caballerosa..."[107].

Las crónicas examinadas develan que en la constante referencia a Isabel de Portugal, siempre se menciona que el séquito de dueñas y doncellas eran portuguesas. Eran acompañantes que habían venido con la reina desde Portugal y aún un año después de la boda eran parte de su séquito real. Este pasaje proporciona un detalle significativo relacionado con la cámara de la reina. Se había acordado en las capitulaciones de su matrimonio que: "Sería la misma Isabel quien escogería el personal femenino de su servicio y el masculino para el gobierno de su casa, llevándolo de Portugal, y después de un año haría ella se ocuparía de los nombramientos, tanto de portugueses como de castellanos"[108]. En conclusión, un año después de la boda, Isabel se encontraba rodeada de doncellas, dueñas y caballeros portugueses que componían parte de su casa. Aunque ella tenía el poder de escoger quien la sirviera entre castellanos y portugueses, se sentía más a gusto

---

y que a pesar de ser la reina de Castilla, vivía en la casona palaciega de Madrigal sin muchos lujos.

[107] Ibídem, p. 219.

[108] De Azcona, Op. cit., p. 8.

servida por portugueses, al parecer, se sentía a gusto hablando portugués y compartiendo con personas de su cultura.

El autor de la crónica de Alvaro de Luna se explaya en la descripción del festejo en las páginas dedicadas a esa estancia. Desde los preparativos más minuciosos hasta obsequiar al lector con detalles del lugar dónde se sentaron, cómo se sentaron y los manjares que comieron, destacando en todo momento que el Maestre hizo todo lo posible por entretener y complacer a los reyes plenamente: "Las mesas esstaban ordenadas, e puesto todo lo que convenía a serbicio dellas; e entre las otras mesas sobían unas gradas fasta una messa alta, el cielo e las espaldas della era cobierto de muy ricos paños de brocado de oro, fechos a muy nueva manera" 109 . La crónica de Álvaro de Luna narra también un acontecimiento de interés para el análisis de la relación entre los reyes: "En esta mesa avía de comer el Rey e la Reyna, e mandó el Rey comer allí a su mesa al arzobispo de Toledo, e a doña Beatriz, fija del rey don Dionís, tía del Rey, que andaba con la Reyna" 110 . La pintoresca

---

109 Crónica de Álvaro de Luna, Op. cit., p. 219.

110 Ibídem. La "doña Beatriz" que venía con la reina era la hija del rey don Dionís II de Portugal (segundo hijo de Pedro I de Portugal e Inés de Castro), considerado en Castilla como Dionís II de Portugal a la muerte de su hermano Juan. Se casó con Juana Enríquez de Castilla (hija bastarda del rey Enrique II de Castilla) y fue padre de la Beatriz de Portugal que viajaba con la reina Isabel de Portugal. Es una señora muy ligada a la historia del Real Monasterio de Santa María de Guadalupe, en la provincia de Cáceres donde reposan los restos de sus padres en la capilla de Santa Catalina que ella misma mandó construir a sus expensas en 1461, durante el reinado de Enrique IV, el cual la trató de manera honorífica como tía suya. También fundó el Hospital de Mater Dei en Tordesillas. Murió sin descendencia en 1470, recordando todavía que, de acuerdo con el testamento, su padre había sido rey de Portugal. Olivera Serrano, César. "La pugna dinástica Avis-Trastámara" 5, Cuadernos de estudios Gallegos, Anexo, Consejo Superior de Investigaciones Científicas Portugal, Xunta de Galicia, Instituto de Estudios Gallegos "Padre Sarmiento". La tierra de Toroño, Santiago de Compostela, A Coruña, 2005.

narración de estos festejos no presenta, en ningún momento, ninguna rivalidad o celos de la reina para con el rey, aun cuando se sienta a la mesa doña Beatriz, la hija del rey don Dionís. Debido a la conducta tan cordial que la reina mantiene en todo momento en estas escenas y otra escena que se recoge más adelante, se puede deducir que la reina era una mujer muy correcta y de fácil trato.

Al finalizar el disfrute gastronómico, inmediatamente se procede a bailar: "...las messas fueron lebantadas, aquellos caballeros mancebos danzaron con las donzellas, e tovieron mucha fiesta e otro día por semejante" [111]. Y como si ese entretenimiento no fuera suficiente, pasan inmediatamente a presenciar un torneo y "...el torneo se ordenó en el patio delantero del alcázar. E el Rey con sus caballeros e la Reyna, con sus dueñas e donzellas se pusieron en aquellos lugares, en que estaban muy ricamente aderezados, donde mirasen" [112]. Allí estuvieron los reyes por ocho días; "Cada día de los que allí estobo el Rey ovo diversas fiestas, e fue seerbido de diversas maneras e cerimonias. Todos se partieron contentos de aquellas fiestas; el Rey e la Reyna muy alegres en las rescebir..." [113]. Partieron a Madrid porque se acercaba la Pascua de Navidad: "partióse dende, e la Reyna con él, e el arzobispo, e los otros cavalleros: y el Maestre quedó a tener la fiesta con la condesa en Escalona, y en El Adrada" [114].

---

[111] Ibídem, p. 220.

[112] Ibídem.

[113] Ibídem, p. 221.

[114] Ibídem, p. 222.

Toda esta felicidad llega a su pronto fin cuando el rey tiene que acortar la vacación y las fiestas de Navidad. El conde de Benavente había salido de la prisión y don Alfonso, el hijo del rey de Navarra tenía cercada a Cuenca. El rey manda a buscar al Maestre para informarle de los acontecimientos y contar con su apoyo y análisis de la situación. Después que llegó el Maestre a Madrid "...tovo el Rey su consejo con él, e con los otros grandes que allí eran, de como faria acerca de aquellos fechos" [115]. A principios de 1449 se observa en la crónica de don Álvaro de Luna una completa dependencia del rey para con su Maestre y no hay comentarios sobre problemas entre el rey y la reina.

En conclusión, los encuentros de los reyes fueron pocos y muy cortos. A finales de 1449, después de haber tenido un año lleno de constantes problemas políticos con sus vecinos de Navarra y Aragón, y con su hijo, el príncipe don Enrique, además de otros percances relacionados con problemas de estado, el rey es invitado por el Maestre a la villa de Escalona a disfrutar de unos días de asueto sin la reina:

"...todo así considerado por el Maestre, e los trabajos que el Rey avía avido los días pasados en el real e en los fechos de la guerra, e porque aquellos Su Alteza rescibiesse algund descanso e alguna recreación, tovo con el manera que le plugo de ir con el a la su villa de Escalona. En la qual el Maestre le tobo aparejados tantos modos e tantas diversidades de deportes e agradosos plazeres, e tanta abundancia de honestas e aplazibles deleytaciones, segund la

---

[115] Ibídem, p. 223.

condición del tienpo lo requería, a que por cierto no se podría es-
cusar muy larga estensión de escriptura, si específicadamente
aquello escrebir se debiesse...todo esto por tí considerado de ligero, podrás conoscer e imaginar quanto en alto grado serían notables las fiestas por el Rey allí en Escalona rescibidas" 116 .

Lo pasaron, según el cronista, regiamente, y de allí partieron a
la villa de San Martín de Valdeiglesias a "concertar monte" para el
"mucho plazer" del rey.

Cuando finalmente, a fines de 1449, la reina vuelve a ver al rey
en Valladolid, un comentario del cronista delata la impaciencia de
la reina por ver al rey (esta es la segunda vez que lo ve en dos
años) y existe la posibilidad de que la reina sabía que el rey no estaba atado con problemas de estado todo el tiempo: "E allí vino la
Reyna, que en mucho deseo estaba de ver al Rey, que avía asaz
largo tienpo que no le avía visto; e estubieron allí casi fasta en fin
del año, sin turbación alguna" 117 . La reina, por lo tanto, no salía
de la aislada y pequeña villa de Madrigal sino para verse con el rey
rodeada de dignatarios de la corte, en algún momento de "plazer"
diseñado por el Maestre para que el rey se mantuviera en el espacio público solamente. Y estos ratos de distracción eran estricta-
mente programados por una agenda intensamente orquestada
por Álvaro de Luna y deliberadamente presentada por su cronista
para hacerlo aparecer como hombre complaciente y servidor de
su rey.

---

116 Ibídem, p. 246.

117 Ibídem.

Real Hospital de la Purísima Concepción fundado por la reina María de Aragón en 1443. Foto Carmen Alicia Morales.

Nueve meses antes del nacimiento

Es en mayo de 1450 cuando se vuelven a ver el rey y la reina y tiene lugar una visita a la internacionalmente conocida feria de Medina del Campo:

"E assí que como en aquellos días el Rey estobiesse en Zamora, e la reyna en Madrigal,...Vánse pues a Madrigal, adonde estobieron por algunos días, e esto era por el mes de mayo. E como en aquél tienpo fuese la feria de Medina del Canpo, a la qual suelen venir e concurrir en ella grandes tropeles de gentes de diversas naciones, assí de Castilla como de otros reynos, a fin que el Rey con la Reyna pasasen algunos días en plazer y en deportes, suplicó a Su Alteza, aunque él no lo tenía en voluntad, que lo pluguiese yr a ver la feria, e levar en su conpañía a la señora Reyna, a ver el trato e las grandes conpañas e gentío, e asimismo las diversidades de mercadurías, e otras unibersas cosas que ende avía" y vinieron los

85

reyes "a ver el tracto e las grandes campañas e gentío e así mismo las diversidades de mercaderías e otras universas cosas que ende había" para su distracción [118].

Es obvio que el rey accede y una vez más el Maestre planea cómo, dónde y con quién el rey se va a distraer: "el loable Maestre, e asimismo otra grand muchedumbre de gente, de cavalleros e nobles e gentiles mancebos, polidos e bien arreados, e de otra cortesana gente, van a Medina del Canpo, adonde tubieron ciertos plazeres" [119].

Encuentro en el verano de 1450

"En el qual tienpo no conviene recontar, como ya otra vez diximos de suso, ni especificar las diversidades de los muchos deportes que allí pasaron, segund la disposición era del tienpo ca esto era por el mes de Julio" marca el momento de más importancia para Castilla durante la relación matrimonial de esta pareja, porque es durante este periodo de tiempo cuando se concibe Isabel de Castilla [120].

La crónica no especifica que la reina estaba presente en Escalona en esta visita, pero no cabe la menor duda de que tienen que haber estado allí juntos a finales de julio porque nueve meses más tarde, en abril de 1451, ella da a luz una niña: "E ya sea que aque-

---

[118] Ibídem, p. 252. Esta villa se convertirá en la villa de Isabel de Castilla y el lugar donde redacta su testamento y muere.

[119] Ibídem, p. 253.

[120] Ibídem, p. 254.

lla villa de Escalona es por cierto asaz e mucho calurosa en el tal tienpo..."121. A pesar del horrible calor veraniego el Maestre logra ofrecer en su palacio espacios para disfrutar de la estadía con:

"...mucho frescor, los altos olorosos olores e perfumes de suabe olor, los jardínes, los naranjales, e los otros esquisitos e ingenio-samente ynvencionados modos de humanas deleytaciones que el noble Maestre e Condestable, en aquellos días que el Rey su señor estovo en aquella su villa, le sopo administrar e le administró"122.

En julio de 1450, al haber estado expuestos los reyes a la tran-quilidad y el romance en este pedazo de edén terrenal, finalmente queda Isabel de Portugal encinta.

Nacimiento de Isabel de Castilla

El segundo factor familiar que vino a interferir en las relaciones entre el rey y el Maestre fue el nacimiento de una infanta. El cro-nista Alonso de Palencia, el cual es muy dado a delatar el estado de ánimo del personaje sobre el cual escribe, menciona que el rey se encontraba desanimado cuando nace su hija: "Una nueva ale-gría vino entre tanto a reanimar el espíritu del Rey con el naci-miento de su hija Isabel, ocurrido el 23 de abril de 1451..."123. Esa alegría desaparece de la corte "...cuando la joven contrajo en el

---

121 Ibídem.

122 Ibídem.

123 De Palencia, 1973, p. 35.

sobreparto graves dolencias" [124] . En ninguna otra ocasión se menciona anteriormente, en las crónicas de Palencia, la indisposición física o mental de Isabel de Portugal.

Puerta de Cantalapiedra, villa de Madrigal, construcción románica mudéjar, ca. Siglo XI-XII. Foto Carmen Alicia Morales, 2013.

En primera instancia, después del parto, el cronista estima que las dolencias eran físicas y las contrajo con el parto. También, en esa misma frase asegura que "después de un parto felicísimo". Pero ¿qué era exactamente considerado un parto felicísimo? ¿Cómo sabe Palencia que el parto fue felicísimo, estuvo él presente como testigo en ese parto o por qué lo expresa? Esta frase se puede interpretar en dos formas; ¿Sería porque nació una niña saludable o que la Reina no tuvo contratiempos para parir? O tal vez es que

---

[124] Ibídem.

utiliza la frase como una estrategia dramática para expresar que fue después del parto que "la Reina cayó en profunda tristeza". ¿Es que no causa cualquier grave dolencia o dolor "profunda tristeza"?

Palacio de Madrigal. dónde se casa y vivió la reina Isabel de Portugal. Foto Carmen Alicia Morales, 2013.

Primero, "Recordemos que, en épocas pasadas y sobre todo en el medioevo, la asistencia al embarazo y al parto era un asunto exclusivo de mujeres. El marido no participaba por lo común y otro tanto pudiera decirse respecto al médico" [125]. Segundo, no sabemos las condiciones y complicaciones que se presentaron después del parto. Es importante recordar el heroico "... espíritu de nues-

_____

[125] Junceda Avello, Enrique. Ginecología y vida íntima de las reinas de España. Tomo I, II. Madrid: Temas de Hoy, 1991, p. 24.

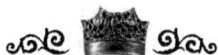

tras reinas para exponer una y otra vez su salud y su vida para perpetuar la dinastía en épocas en que el trance de la maternidad entrañaba un evidente riesgo vital" [126]. Este sacrificio personal no es reconocido ni por los cronistas ni por los historiadores contemporáneos. Además, ninguno de los cronistas castellanos utilizados en este estudio observa ningún tipo de cambio en la personalidad de la reina durante su embarazo, el cambio viene, como apunta Palencia, después de un parto.

¿Qué transformaría a esta reina hasta llevarla a "profunda tristeza" después del parto? Una mirada a las circunstancias en que se encontraba después de su matrimonio con Juan II puede esclarecer la razón del porqué de su actuación. Además de las complicaciones físicas durante el parto esta reina tuvo que habitar en una residencia palaciega de "...modestísima construcción de ladrillos y tapial, de muros lisos, desnudos y pequeñas habitaciones encaladas y bajas de techo.

Tan solo en lo alto una galería de arcos escarzanos, cerrados por celosías de ladrillo, anima su humilde fachada. En la puerta de arco agudo, el alfiz o recuadro, unido a los materiales y a la construcción, manifiestan su mudejarismo, acorde en ello con todas las restantes construcciones de la villa abulense anteriores al siglo XIV" [127].

---

[126] Ibídem, p. 30.

[127] Gómez-Moreno, Manuel. Sobre el Renacimiento en Castilla. Granada: Instituto Gómez Moreno de la Fundación Rodríguez Acosta, 1991, p. 96.

Su vida en Madrigal

Se sentía básicamente incomunicada personal y familiarmente. Y esta reina, heredera de la casa de Avis, de los Pereira Alvim, viniendo de las familias más ricas y poderosas de Portugal termina como reina de Castilla viviendo en una casona con:

"Un patio pequeñísimo con galerías en torno, unos techos tan bajos que casi se alcanzan con la mano, y tan lisos que ni una pintura ni un perfil los embellece; seis columnas abajo, en granito, y semidóricas, quizá sustituyendo postes de ladrillos; arriba, pilares de ladrillos con zapata, simplemente descantilladas, y antepecho de palos lisos; naves de habitaciones pequeñas y bajas...nada más" [128].

Vivía en esta casona sobria, rodeada de un villorrio de casas humildes, el hospital fundado por la reina María (primera esposa del rey Juan II), el convento de extramuros, la iglesia de San Nicolás y una sinagoga, esperando que él quisiera mandarla a buscar para poderlo pasar bien y disfrutar de su compañía. La reina estaba, evidentemente, excluida de la vida de una corte itinerante por largos periodos de tiempo, que para los efectos era donde se encontraba su esposo el cual era la extensión de su familia y de su hogar [129].

---

[128] Ibídem.

[129] A pesar de ese aislamiento, las crónicas enfatizan que influyó en la caída de D. Álvaro; es por esto que se puede concluir que; a pesar de que su situación social y familiar es limitada, la reina tiene que tener contactos con la corte a través de otras personas, estar informada de los

Durante la edad media "La familia es una unidad económica, es un medio para intervenir en sociedad, es una forma para relacionarse con personas..." [130]. Y esta unidad familiar, ella pudo sentirse que le es negada por su esposo al dejarla sola, enclaustrada y aislada en Madrigal [131]. Isabel de Portugal estaba viviendo bajo la subordinación del rey, porque era el rey quién decidía cuándo y cómo se iba a disfrutar de su presencia durante sus visitas con la reina, controlando así su relación con ella. Es que a las mujeres se les mantenía "...en un estado de dependencia e infantilismo psicológico prolongado incluso más allá del matrimonio..." [132]. Cuando lo veía ella carecía, además, de la privacidad y el tiempo necesarios para llevar a cabo la convivencia conyugal, que debían de ser tan limitadas que le tomó a la reina cuatro años de matrimonio para dar a luz a su primera hija (1447-1451).

En la vida de la mujer hay determinadas situaciones, tal y como: el embarazo, el aborto, la infertilidad y el periodo posparto que afectan el estado emocional debido al cambio hormonal de la mujer y como resultado se incrementa la presencia de trastornos

---

asuntos personales del rey y enterada de lo que pasa. Más importante aún, .puede influir en su marido en una forma u otra aunque lo vea poco. Por lo tanto, algún tipo de relación existía que por su intensidad emotiva entre la pareja, era temida por Álvaro de Luna.

[130] Segura Graiño, Cristina. "Las mujeres en la España Medieval", Parte III, Historia de las Mujeres en España, Madrid: Letras Universitarias, Editorial Síntesis, 1997, p. 123.

[131] García Herrero, María del Carmen. "Elementos para una historia de la infancia y de la juventud a finales de la Edad Media". La vida cotidiana en la Edad Media. Actas de la VIII Semana de estudios medievales en Nájera. Logroño: IER, 1997, p.18. Disponible en: http://www.vallenajerilla.com/berceo/garciaherrero/infanciajuventud.htm.

[132] Ibídem, p. 15.

afectivos [133] . Después del parto el cuerpo sufre cambios bruscos de niveles hormonales. Los estrógenos, cuyo trabajo es el de cumplir con una función estimulante y antidepresiva, después del parto bajan abruptamente y esto explica que muchas mujeres, tres o cuatro días después del parto, sientan una gran necesidad de llorar, motivada por sentimientos como angustia, tristeza y enojo [134] .

En el caso de Isabel de Portugal existen una serie de factores vitales que se suman y contribuyen a la complejidad de su estado anímico, en especial la posibilidad de la falta de apoyo social durante el periodo pre y post natal. Ejemplos de su difícil situación

---

[133] Llewellyn, Alexis M., Stowe, Zachary N. & Nemeroff, Charles B. Depression during pregnancy and the puerperium. En: Journal of Clinical Psychiatry, 1997, 58, p. 26-32.

En un estudio de evaluación de la sintomatología depresiva de un grupo de 350 mujeres, observadas a principios del segundo trimestre de gestación, se encontró que las mujeres con mayor apoyo social y autoestima son las que presentan niveles más bajos de depresión pre-parto (Mark BERTHIAUME, Hélene DAVID, Jean-François SAUCIER, & François BORGEAT, "Correlates of pre-partum depressive symptomatology: A multivariate analysis". Journal of Reproductive and Infant Psychology. Num.16, 1998, pp. 45-6). Existe, además, una gran falta de información sobre el importante papel de la patología ginecológica inflamatoria crónica, los traumatismos obstétricos (desgarros vaginales, desgarros cervicales, operación cesárea, pérdida de sangre, trauma del trabajo del parto, etc.) los cuales son una frecuente causa de liberación de mediadores inflamatorios con marcados efectos depresivos en mujeres con deficiencias de neurotransmisores adrenérgicos, serotonina y endorfinas. Por otra parte, los investigadores Condon y Conkindale llevaron a cabo un estudio con el objeto de evaluar en qué medida el estado emocional de la mujer embarazada puede influir en el apego maternal de la misma tanto durante el embarazo como después del mismo. Los resultados del estudio pusieron de manifiesto que las madres con un menor apego a sus hijos eran aquellas que habían presentado niveles de depresión y/o ansiedad más altos debido a la falta de apoyo social fuera de su relación de pareja. Estos resultados, definitivamente, indican que el estado psicológico de la mujer durante el embarazo influye notablemente en su apego maternal (John T. Condon & Charles J. Corkindale. "The correlates of antenatal attachment in pregnant women" British Journal of Medical Psychology, 1997, No. 70, p. 359-372).

[134] Ibídem.

son: el aislamiento en Madrigal, más mujeres portuguesas nobles con las cuales se pudiera comunicar, mujeres castellanas nobles con las cuales pudiera hablar, la ausencia de su familia portuguesa, la posible falta de completo conocimiento del castellano para comunicarse, condiciones climatológicas y arquitectónicas diferentes a lo que ella estaba acostumbrada en su cultura, el trauma y el estrés perinatal, el distanciamiento físico de su pareja y las diferencias culturales y lingüísticas entre ambos que pudieron haber influenciado su condición posparto. La última complicación que pudo haber padecido la reina es algún trastorno traumático obstétrico durante el alumbramiento (imposibles de detectar y/o corregir por el limitado conocimiento obstétrico de su época). La combinación de varias y/o de todas estas complicaciones pudo haber sido la causa de la "profunda tristeza" de Isabel de Portugal después del parto [135].

Existe además un factor cultural del periodo que debe de ser considerado dentro del contexto de la época en que vivió Isabel de Portugal. ¿Se enfrentaba el nacimiento de una criatura en general como un momento de regocijo o de tristeza? Independientemente de cuáles eran los factores por los cuales la reina no había concebido un heredero para la corona durante cuatro años de matri-

---

[135] Es obvio que la tristeza de la reina era detectable para los cronistas de su época y basándose en esas crónicas los historiadores contemporáneos han perpetuado su estado de ánimo o posible decaimiento físico como "locura". Durante la última mitad del siglo XX se viene a tener algún conocimiento de la depresión post parto debido a que se comienza a investigar las causas, a reconocer su existencia, a educar a la mujer sobre sus causas y a tratarla médicamente.

monio, "Poseer la capacidad de engendrar y traer criaturas al mundo se considera una bendición, así se ha entendido desde siempre; por el contrario, la mujer a la que se le niega la posibilidad biológica de ser madre es contemplada en la cultura patriarcal como un ser incompleto y diferente sobre el que la esterilidad pesa como una maldición"[136]. Por lo tanto, era de esperarse que la reina tuviera hijos y este acontecimiento debía de manifestarse con regocijo para todos.

Entre el siglo XIV y XV se comienza a plasmar el testimonio del tratamiento obstétrico de la mujer en imágenes pictóricas o escultóricas. En algunos retablos de las iglesias se pintan escenas del nacimiento de la Virgen, de Jesús y de los Santos. En los de la Virgen y los Santos se expresa más libertad artística, por lo tanto, son más claras las costumbres cotidianas que evocan la realidad que rodeaba el momento después del alumbramiento. En el estudio de la Historia de la ginecología y la obstetricia, refiriéndose a los retablos, se explica que en general "...es frecuente que su cara (la de las parturientas) exprese dolor y cansancio..." después del parto [137]. ¿Puede haber estado Isabel de Portugal padeciendo de dolor y cansancio, males comunes de las recién paridas?

---

[136] García Herrero, Op. cit., p. 2.

[137] Usandizaga, Manuel. Historia de la obstetricia y la ginecología en España. Santander: 1944, p. 125.

En la Iglesia Parroquial de Cintruénigo, en Navarra, existe una escena con nueve mujeres, un niño y una recién parida[138]. Es común que las recién paridas en estos retablos sean representadas acostadas comiendo huevos, pollo, galletas y bebiendo en grandes copas y atendidas en todas las escenas por mujeres solamente. En la Parroquia de Santiago en Tardienta, Huesca, la madre come acostada mientras fajan a un niño[139]. Se alimentaba a la mujer después del acontecimiento de parir y se le dejaba descansar. Las escenas que reproduce el libro citado carecen de ejemplos de recién paridas sonriendo o con cara de felicidad[140].

En conclusión, el cronista al describir a la reina "triste" después de parir, está manifestando lo que era la norma y no lo extraño durante el siglo XV. Se ha establecido que durante el periodo del parto de Isabel de Portugal el conocimiento masculino sobre el alumbramiento y las complicaciones del parto era ninguno o limitadísimo debido a que solamente las mujeres atendían los partos. Al no existir evidencia detallada del parto de Isabel de Portugal, se puede concluir que lo más posible es que el cronista Palencia no estuvo presente en el parto o si estuvo presente su conocimiento

---

[138] Ibídem, Lámina LXII.

[139] Ibídem, Lámina LLXIV.

[140] Es precisamente durante la administración de Juan II de Castilla cuando se establece una junta de examinadores de comadronas. A pesar de que no existían ginecólogos u obstetras hombres y las comadronas eran siempre mujeres (Usandizaga, 1944, p. 109), la junta examinadora estaba compuesta de hombres que no practicaban la ginecología ni la obstetricia (Usandizaga, 1944, p.74). Eventualmente, en 1477, Isabel de Castilla estableció un protomedicato y un tribunal para regular la práctica de las comadronas (Usandizaga, 1944, p. 75).

sobre el acontecimiento que presenciaba era limitadísimo. Los varones no entran en la cámara del parto, se trata de un asunto de mujer, y por lo tanto él no es una fuente de información veraz que se pueda utilizar para hacer un juicio verídico sobre este importante momento histórico. Él no es una autoridad en el conocimiento del estado anímico de una parturienta.

En 1453 queda la reina encinta de un segundo hijo. Al nacer Alfonso, el Rey consultó a don Alfonso de Madrigal, de sobrenombre el Tostado (hombre de vastísima erudición y conocedor de la ciencia astrológica que entró en posesión de la Sede abulense) sobre "...el destino de su hijo D. Alfonso, y supo que los astros amenazaban la vida del Infante antes de cumplir los 15 años..." [141] . El infante Alfonso (1453-1468) nació en Tordesillas el 15 de noviembre de 1453 [142] . En la Crónica de Enrique IV Palencia comenta que "Este nacimiento produjo universal y extraordinaria alegría..." [143] . Debido a que por este tiempo el rey estaba de "malos humores" y es que en el momento de nacer el infante Alfonso "...aunque gravemente enfermo de cuartanas desde poco después de la muerte del Condestable, (el Rey) pareció mejorarse algo con el júbilo universal, e indicó por señas que, a su muerte, ocurrida antes de lo que se pensaba, aquel hijo heredaría la corona" [144] .

---

[141] De Palencia, 1973, p. 54.

[142] Morales Muñiz, María del Carmen. Alfonso de Ávila, Rey de Castilla, Excma. Diputación Provincial de Ávila, Institución "Gran Duque de Alba", Ávila: 1988, p. 15.

[143] De Palencia, Op cit., 1973, p. 53.

[144] Ibídem.

El rey estaba muy enfermo con una fiebre muy alta y no podía hablar. No obstante, los que le rodeaban estaban preocupados de su relación íntima con la reina. El cronista Palencia se hace eco de la preocupación de los que lo rodeaban cuando asegura que "Ninguno, (de los que le rodeaban) sin embargo, se atrevía a avisarle del peligro de muerte con que su mayor desenfreno le amenazaba, aunque tanto los médicos como las demás personas discurriesen frecuentemente acerca del riesgo que corría la vida de un hombre de cincuenta años, debilitado por malos humores, esclavo de la sensualidad y diariamente entregado a las caricias de una joven y bella esposa" [145] .

---

[145] Ibídem.

Muerte del rey Juan II

Existe evidencia de que llorar y estar triste, a la muerte de un ser querido, era una costumbre practicada por la mujer de la nobleza castellana en el siglo XV [146]. Ejemplos de ello se encuentran en las crónicas castellanas que constantemente seleccionan acontecimientos dramáticos en los cuales reinas, dueñas o doncellas daban gritos por la muerte de alguien o por algún suceso triste. En la Crónica de Juan II cuando el rey Enrique III de Castilla murió en 1407, la reina Catalina de Lancaster, la madre del futuro rey Juan II de Castilla: "...des que supo la muerte del Rey su marido, ovo ende muy grande enojo a maravilla, e fizo fazer un llanto, en Segovia do ella estava, muy grande" [147]. No debe de sorprender el llanto, el luto y la tristeza de la reina a la muerte del rey Juan II debido a que llorar la muerte de un ser querido o llorar cuando las personas estaban en peligro de muerte era una costumbre común durante este periodo.

En su testamento Juan II le dejó a su esposa, "...Soria, Arévalo y Madrigal..." y además él "Encargó de la tutela y crianza de los

---

[146] En 1430, cuando el rey Juan II de Castilla, encarceló en Santa Clara de Tordesillas a la reina doña Leonor de Aragón (madre de los Infantes de Aragón) ella dijo: "Amigas, yo entro en este monasterio donde el Rey mi fijo me manda entrar. E yo fío en Dios e en su merced, que él guardará mi honrra e mi estado,... E él que aquí me pone, él me sacará; e en tanto, encomiéndovos a Dios e a su merced. E dióles manos e paz. E los gritos dellas fueron tan grandes, e de las doncellas e de las dueñas, que no ovo ombre en el mundo que no obiese lástima" (Carrillo de Huete, 1946, p. 55). En este ejemplo se utiliza el llanto para reconciliarse con el dolor del que recibía alguna pena, dar lástima a los que lo escuchaban, probablemente para aminorar el castigo y/o enternecer al que impone la condena.

[147] Crónica de Álvaro de Luna, Op. cit., p.23. (No se había citado antes sino despues)

hijos más pequeños a su angustiada esposa, y de la casa de ésta al obispo de Lugo, prelado de gran autoridad y de virtud acrisolada" [148]. Aquí se debe señalar que el Rey Juan II tenía completa confianza, en el momento de escribir su testamento, de la capacidad intelectual y emocional de su esposa para dirigir la tutela y la crianza de sus dos hijos; Isabel y Alfonso.

En el testamento de la reina doña Isabel de Portugal, el 14 de julio de 1496, es evidente la lucidez de la reina al reconocer la realidad de las circunstancias en que se encuentra, porque ella acepta que está enferma físicamente. Ella escribe que "... estando como estoy enferma de cuerpo" y en ese mismo párrafo ella reconoce además que tiene plenas facultades mentales "...y en mi juicio e seso natural qual Dios me lo quiso dar..." [149]. Dictó ser enterrada junto a su marido "...en el monasterio de nuestra señora santa María de Miraflores de la orden de Cartuja, donde está enterrado el dicho Rey don Juan mi Señor e marido que santa gloria aya, junto á su sepultura" [150].

Podemos concluir que Isabel de Portugal era una mujer muy inteligente y bella. No existe suficiente evidencia médica o histórica para poder comprobar que esta reina estaba "loca". Las breves referencias documentales del cronista Palencia, las diferencias culturales y lingüísticas (entre Castilla y Portugal) y la falta de conocimiento médico durante el siglo XV para determinar

---

[148] De Palencia. 1973, p. 54-55.

[149] Colección Diplomática de Enrique IV, 1913, p. 714.

[150] Ibídem, p. 715.

Obra 'La primera juventud de Isabel la Católica al lado de su enferma madre' o Demencia de doña Isabel de Portugal, ca.1855. Pelegrín Clavé y Roque, Barcelona, 1810 - Roma, 1880, Óleo sobre tela. Museo Nacional de Historia de México.

con certeza una condición médica de esta índole son limitadísimas o nulas.

El sepulcro de Isabel de Portugal se encuentra colocado junto a su esposo, el rey Juan II de Castilla y su hijo Alfonso de Castilla, en el centro de la nave de la iglesia de la Cartuja de Miraflores, en Burgos, como ella lo había dispuesto porque la reina Isabel la Católica se encargó de ello.

JUANA DE PORTUGAL

oña Juana de Portugal (1439-1475) viene a ocupar el puesto de la madre de la infanta Isabel estando ésta bajo la tutela y la casa de su hermano el rey Enrique IV.

Sobre su nacimiento

La reina Juana de Portugal nació en la Quinta de Monte Olivete, Almada, Portugal. Era la nieta del rey Juan I de Avis y la hija menor del rey don Duarte y de la reina Leonor de Aragón. Las crónicas denotan que a pesar de su corta monarquía, su padre, don Duarte (1391-1439), fue un rey muy querido y entre las características que se destacan de su personalidad, confirman que fue considerado un hombre:

"mui humano a todos... homem alegre...e de gracioso recebimento... Principe mui catholico e amigo de Deus... amo muito a justiça... homem sesudo e de claro entendimento... "[151]. El rey enfermó mientras viajaba desde Aviz

"...'e foi a Ponte de Sor, onde para repairo dos caminahntes e alguma segurança do reino mandava fazer uma cerca que ainda hora está começada: e d'ahí se foi a Thomar...logo adoeceu de febre mortal, que doze días nunca o leixou: e entrando nos treze, que eran nove días de Setembro, anno de mil quatrocentos trinta

---

[151] Ibídem. Traducción: Humano en todo... hombre muy alegre... y muy amable... príncipe católico y amigo de Dios... amó la justicia... hombre inteligente y comprensivo.

e oito em que grande parte do sol foi cris, deu sua alma a Deus ja nos Paços do Convento a que foi levado" [152].

El cronista Rui de Pina da a conocer que se encontraba viajando con la reina, sus seis hijos y acompañado por sus hermanos; "... o Infante D. Pedro e o Infante D. João, e o conde D'Arrayolos, e outras pessoas principaes e fidalgos do reino..." [153]. Y después de esa muerte tan precipitada, siendo un hombre relativamente joven, es llevado al Monasterio de Batalha para su enterramiento.

Los herederos de la corona son muy jóvenes aun para ocuparse de las necesidades del reino "...dois filhos e quatro filhas: o Principe D. Affonso filho seu maior, primogenito herdeiro, que logo foi alevantado por Rei, que de sua edade havia seis annos e entrava em sete" [154]. Y es por esta razón que los hermanos del rey ven la oportunidad de apoderarse del trono, en especial:

"... o Infante D. Pedro, que era duque de Coimbra: e o Infante D. Enrique, que era duque de Vizeu e tinha o Mestrado

---

[152] Ibídem, p 148. Traducción: Fue a Ponte de Sor, donde para necesidad de caminantes y seguridad del reino mandó edificar una valla. De allí fue a Tomar... pronto cayó enfermo con fiebre, no cedió en doce días y entrando en el trece (era el nueve de septiembre de 1438) el sol se tornó gris, dio su alma a Dios en el Convento de Cristo de Tomar adónde fue llevado.

[153] Ibídem, p. 146.

[154] De Pina, Rui. Chrónica de-el Rey D. Affonso V. Rev. 23 junio 2007. Vol. II, p. 13. Disponible en Internet: <EBook #21911>. Traducción: Dos hijos y cuatro hijas: el príncipe Alfonso, su hijo mayor, heredero primogénito, quién pronto fue reconocido por el rey, que tenía de seis a siete años.

de Christus: e o Infante D. João, que era Condestabre do Reino e tinha o Mestrado de Santiago (abuelo de Isabel I de Castilla): e o Infante D. Fernando, que então era captivo em Fez e tinha o Mestrado d'Aviz: e a Infante D. Izabel, legitima duqueza de Borgonha, casada com o duque Filippe..."[155].

Sobrevivió al rey un medio hermano, hijo natural del rey Juan de Avis, don Alfonso, conde de Barcelos, y éste, al ver el desarrollo de los acontecimientos apoyó a la reina Leonor contra sus hermanos[156].

Estos hermanos, en una forma u otra, querían control político para mantener la estabilidad de sus títulos y su bienestar nobiliario personal. La minoría de edad del rey y la vulnerabilidad de la situación para la madre aragonesa, creó un ambiente de inestabilidad en el reino. La reina queda con una gran responsabilidad; seis niños pequeños, encinta y con una situación precaria en sus manos instigada por la oposición política que le impide ejercer su poder como reina regente.

---

[155] Ibídem. Traducción: El infante don Pedro, duque de Coimbra y el infante don Enrique, duque de Viseu y Maestro de Cristo; y el príncipe Juan, Condestable del reino y el Maestre de Santiago (abuelo de Isabel I de Castilla), y el infante Fernando, que estaba cautivo en Fez y tenía el Maestrazgo de Aviz: y la infanta Isabel, legítima duquesa de Borgoña, casada con el duque Felipe de Borgoña.

[156] Ibídem. Más adelante pasa a convertirse en duque de Bragança, título conferido por el rey Alfonso, su sobrino.

La familia materna

Leonor de Aragón (1402-1445), la madre, era hija del rey Fernando I de Antequera (1380-1416) y de Leonor Urraca de Castilla, Condesa de Albuquerque. El rey Fernando de Antequera, al morir su hermano, el rey Enrique III de Castilla (1379-1406), actúa como regente de Castilla junto a su cuñada, la reina Catalina de Lancaster (madre del rey Juan II de Castilla), hasta su muerte en 1416.

Tumba del rey Duarte y de la reina Leonor de Aragón; Capilla del Fundador, Monasterio de Santa María de Vitória, Batalha. Fotografía de Joaquim Ruivo.

Este poder que obtiene le garantiza la responsabilidad de tener a su cargo el reino castellano y el futuro del rey Juan II de Castilla. A Fernando de Antequera le sucede su hijo, Alfonso V de Aragón; éste, con el propósito de cultivar las relaciones con los reinos de Portugal y Castilla, selecciona para esta difícil tarea a sus herma-

nas; a Leonor (1428) la casa con el rey don Duarte de Portugal y a María de Aragón (1420) la convierte en la primera esposa del rey Juan II de Castilla.

Durante la administración del rey don Duarte, para asegurar el derecho sucesorio y la estabilidad del trono si el rey moría, es en las Cortes de Novas de 1438, que se otorgó la regencia y custodia del príncipe Alfonso V a su madre, la reina Leonor. [157] Retando esta decisión de las Cortes de Novas, en las Cortes de Lisboa de 1439, al morir el rey, en una estrategia política dirigida por don Pedro, él cita a una facción popular auspiciada por algunos nobles, a votar por su propia regencia en una reunión del consejo y en esta forma obtiene legalmente la custodia del rey [158]. La falta de apoyo político de parte de la familia portuguesa, y su posición como consorte aragonesa, reino que en este momento no se encontraba compartiendo buenas relaciones con Castilla tampoco, creó un ambiente de dificultades imposibles de resolver y la reina Leonor huye de Portugal a Castilla [159].

La tensión política en Portugal, al morir el rey don Duarte, se viene a sumar a los conflictos internos castellanos debido a las

---

[157] Ibídem, p.148.

[158] Matosso, José. Revueltas y revoluciones en la Edad Media Portuguesa. En: Revueltas y revoluciones en la historia. Actas Salmanticensias, Estudios históricos y geográficos, 66. Salamanca: Ed. Julio Valdeón Baruque, Antonio Manuel Hespanha, François Furet, Ran Halévi y otros, Universidad de Salamanca, 1990, p. 54.

[159] De Pina, Op. cit., p. 13.

desavenencias entre el rey Juan II de Castilla y la familia aragonesa. Esta situación no era favorable para la causa de la reina Leonor, en especial al tratar de buscar ayuda de su hermana la reina doña María de Aragón y su cuñado Juan II de Castilla a su llegada a Toledo [160].

Infancia en el monasterio

Es así como acontece la primera parte de la infancia de doña Juana, huyendo con su madre, entre Almada y Toledo. Emigran a Toledo porque allí se había establecido "...una importante comunidad de portugueses, que habían escogido esta ciudad para exiliarse durante la Crisis de 1385-86, que en Portugal, había sido devastadora para la familia Meneses,..." [161].

Y es en el Monasterio de Santo Domingo el Real en Toledo adónde van a refugiarse [162]. Es en este monasterio que se había acogido a la familia del infante Diego de Castilla (hijo del rey Pedro I, el cruel) y en él se habían criado sus hijos Pedro, María y Catalina. Habían sido protegidos bajo la tutela de su tía, la priora María de Ayala. En 1439, al llegar la reina Leonor, se encontraba en este Monasterio doña Catalina de Castilla, nieta también del rey Pedro I de Castilla, hija del infante Diego de Castilla, que se había criado en este Monasterio. Más tarde, en 1447 la nombran priora del Monasterio.

---

[160] Ibídem, p. 16-17.

[161] Duque, José Félix. Doña Beatriz da Silva: una vida, una obra. Lisboa, 2008, p. 5.

[162] Ibídem, p. 6.

Las crónicas apuntan que la reina y su hija recibieron apoyo "... em especial de uma D. María da Silva de Toledo, senhora de nobre sangue e muita fazenda" [163]. Doña María de Silva, condesa de Fuensalida, se encontraba en una posición ventajosa para ayudar a la reina porque estaba vinculada a una de las familias poderosas de Toledo. Era hija de don Alfonso Tenorio de Silva, Adelantado de Cazorla [164] y de doña Isabel Telles de Meneses y casó con don Pedro Lope de Ayala II y Castañeda, Alcalde de Toledo y más adelante en 1470, se convirtió en I conde de Fuensalida (título otorgado por el rey Enrique IV) [165]. Doña María era la hermana de Juan da Silva, conde de Cifuentes (1456), señor de Monte-Mayor, embajador del rey Juan II de Castilla al Concilio de Basilea (1431) [166]. Es durante estos años en que la reina busca refugio en Toledo que se había declarado una pugna entre el rey Juan II de Castilla y su hijo el príncipe don Enrique. Pedro López de Ayala había apo-

---

[163] De Pina, Op. cit., p. 16-17.

[164] Caviro y Martínez, Balvina. Las casas principales de los Silva en Toledo, Real Academia Matritense de Heráldica y Genealogía, Madrid, 1998, p. 39. "Don Alonso Tenorio de Silva era hijo de Arias de Silva el Viejo, condestable de Portugal, personaje involucrado en la guerra de los dos Juanes, Juan I de Castilla y Juan de Avís, el cual optó por el bando castellano. Su mujer, doña Urraca Tenorio, era hermana de don Pedro Tenorio, arzobispo de Toledo, muerto en 1399. Nacido en Portugal hacia 1385, Alonso Tenorio de Silva, muerto ya su padre, llegó a Castilla siendo niño, en compañía de su madre y de su hermana, doña Beatriz de Silva." p. 39-40.

[165] El gran diccionario histórico o Miscelánea curiosa de la Historia Sagrada y Profana, Traducido del francés por Luis Moreri, Tomo octavo, Primera Parte, Paris: 1753, p. 350. Don Pedro López de Ayala en 1440 le sirvió al príncipe don Enrique "...aunque por precaución no le entregó los alcázares y fortalezas..." manteniéndose en esta forma leal al rey Juan II de Castilla. Martín Gamero, Antonio. Historia de la ciudad de Toledo, sus claros varones y monumentos, Parte II, Libro II, Toledo: 1862, p.763.

[166] Ibídem.

yado al príncipe don Enrique, y es por esta razón que, el apoyo brindado a la reina doña Leonor, por don Pedro López, era de desagrado para el rey Juan II.

Mientras se encontraban en Toledo recibieron ayuda de don Fernando de Noroña, segundo conde de Villarreal, conde y Capitán General de Ceuta. Don Fernando participó en 1415 en la batalla de Ceuta y fue nombrado por el rey Juan I de Portugal al oficio de Camarero Mayor del Infante don Duarte [167]. Es desde Ceuta que don Fernando, sabiendo de sus necesidades en Toledo, les apoyó:

"... porque El-Rei D. Duarte o criara e acrecentara com muito amor, e asi por elle ter com a Rainha divido mui conjuncto, a mandou visitar e ajudar com uma boa somma d'ouro amoedado, de que por sua nobreza e bom conhecimento foi de todos cá e lá mui louvado" [168].

Existió otro hombre que la apoyó, Mosén Gabriel Lourenço, el embajador de Alfonso V en Castilla, quién intercedió a favor de la reina tramitando la posibilidad de litigar la situación favorablemente:

"...o enviou a Albuquerque, d'onde por meio do conde d'Arrayollos tratasse alguma concordia com o Infante D. Pedro, ao qual Infante a Rainha com palavras e cousas assaz piadosas, enviava já

---

[167] En esta batalla participaron el rey y todos sus herederos incluyendo el infante don Enrique el Navegante.

[168] Ibídem. Traducción: Porque el rey don Duarte había acrecentado con mucho amor la dote de don Fernando de Noroña.

pedir, ao mais consentimento e lugar para vir a estes reinos, e n'elles morrer, não como Rainha, mas como sua irmã menor que se queria poer em suas mãos, de que se contentaria receber"[169].

Las buenas intenciones de todos los que la apoyaron no fueron fructíferas. No fue fácil la vida en Toledo, porque carecían de estabilidad económica para su mantenimiento. Después de seis años en el monasterio, la reina Leonor muere en 1445 sorpresivamente y se sospechó que había sido envenenada. Inmediatamente después que el infante don Pedro supo de la muerte de la reina mandó a buscar a la infanta y la trae a Lisboa para criarse en compañía de su hermana, la infanta Catalina, en poder de la dama Violante Nogueira [170]. Doña Juana, debido a su corta edad (nació seis meses después que murió su progenitor) [171], fue la única que acompañó a su madre al exilio y se encontraba en Toledo cuando murió [172].

Negociaciones matrimoniales

A la edad de trece años la infanta es comprometida con el príncipe Enrique IV de Castilla. Las negociaciones del matrimonio con el rey Enrique IV comenzaron en 1452, cuando su hermano, el rey

---

[169] Ibídem. Traducción: Lo enviaron a Albuquerque, donde por medio del conde de Arrayollos tramitó una concordia entre el infante don Pedro y la reina para que regresara a sus reinos. Para que en esta forma no muriese como reina si no como su hermana menor y que le quería recibir.

[170] De Pina, Op. cit., p. 18.

[171] Veríssimo Serrão, Op. cit., p. 356.

[172] Pérez de Tudela y Rábade Obradó, Op. cit., p. 372.

Alfonso V de Portugal, le pidió que se casara con el príncipe Enrique IV de Castilla. Era catorce años más joven que Enrique IV y de acuerdo con el cronista Alonso de Palencia, es Enrique IV quién escogió "...a algunos negociadores de su intimidad que tratasen en secreto del matrimonio con Juana" [173]. Este matrimonio entre la infanta Juana de Portugal y el príncipe Enrique IV de Castilla era parte de la nueva política luso-castellana promovida por el rey Alfonso V y el futuro rey de Castilla, Enrique IV [174].

En marzo de 1453 el monarca portugués había llegado a algunos acuerdos y accedió a esa unión ya que "...aunque es cosa bien averiguada la impotencia de D. Enrique, ya de todo el mundo conocida, no podía ocultarse a D. Alonso (rey de Portugal), soberano de una nación frontera de Castilla, y primo de la repudiada y del repudiador, persuadióse no obstante sin trabajo de que aquella farsa de matrimonio podría procurarle ensanche de territorio, debiendo pensar que antes le acarrearía aumento de ignominia" [175].

El 13 de diciembre de 1453, Enrique IV hizo a su futura esposa una donación "...entre vivos de cien mil florines de oro, estando presente el mismo administrador de Segovia, Luís de Acuña,..." y el dinero fue depositado el 21 de diciembre por Lope González, apoderado de doña Juana, en casa de un mercader de Medina del

---

[173] De Palencia, Op. cit., 1973, p. 66.

[174] Suárez Fernández, Luis. Enrique IV de Castilla. Barcelona: Editorial Ariel, 2001, p. 121.

[175] De Palencia, Op. cit., p. 66.

Campo[176]. La dote asignada a la tesorería de Alfonso V fue de 100,000 florines. Juana quedaba libre de hacer donación previa, y recibió una dote que representaba un importante capital y le daba seguridad económica para su futuro.

La razón principal a considerar para la realización del matrimonio con doña Juana, era el interés del príncipe Enrique IV, de utilizar las bodas para consolidar una alianza con Portugal[177]. El rey Alfonso consideraba que el matrimonio no se pudo haber presentado más oportunamente porque el rey Juan II de Castilla murió en julio de 1454 en medio de las negociaciones y como resultado, doña Juana llevaría el título de reina de Castilla. El segundo documento de las capitulaciones se firma el 22 de enero de 1455 y en él, se reconocía "...la dote de 100,000 florines que habían sido depositados en Medina del Campo y se le garantizaban otros 20,000 como arras, más una renta anual de millón y medio de maravedís situada en ciertas villas que quedaban bajo su jurisdicción"[178]. El rey Enrique IV ratificó las capitulaciones el 25 de febrero de ese mismo año y añadió que doña Juana tenía derecho a conservar la dote y las arras en caso de que el matrimonio fuera declarado nulo.

---

[176] Suárez Fernández, Op. cit., 2001, p. 125.

[177] Ibídem, p. 135.

[178] Ibídem, p. 136.

Matrimonio con el rey Enrique IV

El historiador Luis Suárez Fernández describe una bella escena del viaje previo a la boda de esta preciosa infanta, Juana de Portugal; narra que después de haberse despedido de sus familiares "Acompañada por doce jóvenes doncellas portuguesas, a las que se les había prometido acordar un matrimonio conveniente en Castilla, todas bajo custodia de doña Beatriz de Merueña (su aya), la nueva reina... hizo una jornada por el mar, desde Lisboa, a lo sumo tres leguas, y luego emprendió camino a la frontera: salieron a recibirla, en la raya frente a Badajoz, el duque de Medina Sidonia (Juan Alonso Pérez de Guzmán) y el Obispo Alonso de Madrigal... Estaba el rey en Écija, pues había comenzado la campaña de Granada, cuando le avisaron de que su esposa ya estaba en el camino..."[179].

En la crónica de Palencia comenta que "... se aproximaba el día de la ostentosa celebración de las bodas, y la futura reina Da. Juana se hallaba en camino para Córdoba, acompañada de los magnates y prelados que habían ido a traerla, mandó el Rey a los Grandes y a los jóvenes de la primera nobleza que permaneciese en aquella ciudad"[180]. Se casó en 1455 cuando era apenas una "joven de dieciséis años"[181]. Para su gran sorpresa, probablemente:

---

[179] Ibídem, p. 137.

[180] De Palencia, Op. cit., p. 74.

[181] Ibídem, p. 82.

"...este día y esta noche que se atesora en la importancia del vínculo sagrado de una boda y la resonancia matrimonial que conlleva el hacer un pacto de por vida en la iglesia católica. Una sola noche permaneció la Reina en aquellos reales de Venus, y el Rey que, para verla en secreto, se había adelantado a la Puebla de Infantes marchó a su encuentro para ver de nuevo, como antes, a su futura consorte. Iba acompañado de magnates y nobleza, y de una gran multitud de caballeros y de pueblo. No era sin embargo, su aspecto de fiesta, ni en su frente brillaba tampoco la alegría, pues su corazón no sentía el menor estímulo de regocijo; por el contrario, el numeroso concurso y la muchedumbre ansiosa de espectáculos le impulsaban a buscar parajes escondidos...cubrió su frente con un bonete, no quiso quitarse el capuz, y con el lúgubre color del traje que a la solemnidad de aquel día llevaba, como que declaraba siniestro augurio para las tristes bodas" [182].

De acuerdo con el cronista Palencia, Juana de Portugal:

"...opuso admirable resistencia a las tenaces sugestiones de D. Enrique, que, convencido de que en su esposa habían tenido poco influjo para dar al traste con su pudor y echarla en brazos de los rivales que el mismo buscara, adoptó con ella los antiguos procederes de menosprecio empleados con su primera mujer. Veíala raras veces; proveía mezquinamente a sus necesidades; procuraba introducir la disensión entre las damas de su séquito, y de intento

---

[182] Ibídem, p. 75.

115

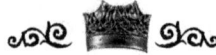

abría ancha mano a las visitas de los palaciegos para que aquella libertad degenerase en irrespetuosa confianza" [183].

Y así se pasa Juana de Portugal a la corte castellana donde;

"... en la distracción de juegos, y la nobleza acudía a muy varias atenciones, pues la juventud había hallado recientes estímulos al deleite en el séquito de la Reina, compuesto de jóvenes de noble linaje y deslumbradora belleza, pero más inclinadas a las seducciones de lo que a doncellas convenía; que nunca se vió en parte alguna reunión de ellas que así careciese de toda útil enseñanza. Ninguna ocupación honesta las recomendaba; ociosamente y por do quier se entregaban a solitarios coloquios con sus respectivos galanes, lo deshonesto de su traje excitaba la audacia de los jóvenes, y extremábanla sobremanera sus palabras aun más provocativas" [184].

En lo que se refiere a la deshonestidad del traje de Juana de Portugal que excitaba la audacia de los jóvenes, se puede comentar que, en la evolución de la moda femenina en el siglo XV:

"A partir de la cuarta década, más cerca de 1440 que de 1430, aparecieron los primeros trajes femeninos recorridos por pliegues regulares, según moda que tenía su paralelo en el traje de hombre. Los vestidos ajustados, con gran escote Redondo, típicos de los treinta primeros años, iban siendo sustituidos por otros de fisonomía muy definida, plegados y escotados en pico. En aquel mo-

---

[183] Ibídem, p. 83.
[184] Ibídem, p. 75.

mento la moda femenina se aproximaba a la borgoñona, pero pronto se separaría de ella"[185].

Juana, por lo tanto, estaba a la moda con la vestimenta que estaban usando las jóvenes de su edad internacionalmente y posiblemente de acuerdo con la austera moda castellana su vestimenta se veía fuera de lugar.

A pesar de que no se conoce exactamente cuál fue el papel político de Juana, por otro lado, es evidente que estuvo presente en las negociaciones de Enrique IV con embajadas extranjeras debido a que era incluida en las actividades de la corte itinerante. Su influencia es visible en "...todas las negociaciones que se llevaron a cabo con Portugal en estos años. Así como no tenemos ninguna prueba de que tuviera algún tipo de participación en las negociaciones con otros reyes, parece evidente que actuó como intermediaria entre Alfonso V y Enrique IV"[186]. Juana de Portugal sirvió a Enrique IV como embajadora, en especial con los problemas de Portugal, para apoyar e influenciar positivamente la agenda política del trono de Castilla. La reina interfiere en la sublevación de los rebeldes catalanes durante la guerra civil catalana entre Juan II de Aragón, conde de Barcelona[187]. Existen además documentos en donde se encuentra envuelta en el ámbito interno de la política castellana cuando aparece "...presidiendo las Cortes del

---

[185] Bernis Madrazo, Carmen. Indumentaria Medieval Española. Madrid: Instituto Diego Velázquez, 1955, p. 49.

[186] Pérez de Tudela y Rábade Obradó, Op. cit., p. 377.

[187] Ibídem.

Reino, con su marido, en dos ocasiones: Cortes de Córdoba de 1455 y Cortes de Toledo de 1456. ...tal vez la presencia de la reina es puramente protocolaria, tal vez, se hace hincapié en su asistencia porque se da a ésta valor especial" [188].

Nacimiento de Juana de Castilla

Cuando el rey se enteró de que la reina estaba esperando descendencia se puso tan contento que le regaló la villa de Aranda de Duero en donde, según él, había tenido lugar el feliz acontecimiento de quedar ella esperando un heredero. Es para este tiempo que llega la infanta Isabel de Castilla y su hermano el infante Alfonso a vivir a la corte. Cuando se acercaba el momento del alumbramiento, Enrique IV encargó a Rodrigo de Marchena que recogiese a la reina y la condujese a Madrid con el propósito de que naciera la criatura en el alcázar real. Tras siete años sin hijos de este matrimonio, Juana de Portugal dio a luz en Madrid el 28 de febrero de 1462 a una niña llamada Juana. El 7 de marzo se celebró en la villa de Madrid, el bautismo oficiado por el arzobispo de Toledo, Alfonso Carrillo; los obispos de Calahorra y la Calzada, Pedro González de Mendoza; Cartagena, Diego de Comontes y de Osma, Pedro de Montoya y fueron los padrinos el conde de Armagnac, Juan V y el marqués de Villena, Juan Pacheco y madrinas la esposa de este último, María Portocarrero y la infanta Isabel. El juramento de doña Juana, en el cual era reconocida y jurada por las Cortes como sucesora del rey Enrique IV, tuvo lugar a

---

[188] Ibídem, p. 379.

los dos meses de haber nacido, el 8 y 9 de mayo de 1462. La propaganda contraria al rey hizo correr la voz de que podía ser hija de Beltrán de la Cueva, asesor de Enrique IV, y se le dio el apodo de Juana la Beltraneja.

A comienzos de 1463 la reina está embarazada otra vez, se encontraba en Aranda de Duero, cuando a los seis meses de estar encinta un rayo de sol se posó en su pelo. El pelo se incendió provocándole a la reina un grave mal rato y como consecuencia un aborto. Durante este periodo de tiempo a través de una carta de Guinguelle sabemos que "Los señores infantes vuestros hermanos están muy gentiles" porque ellos han sido vistos en la casa de la reina Juana en Aranda [189].

Las descripciones políticas, físicas y personales de la reina son cultivadas en dos poemas: uno del poeta de la corte isabelina, Gómez Manrique, y una glosa a una canción del duque de Alba dedicada a ella por el comendador Román. El poema de Gómez Manrique elogia su ascendencia portuguesa y destaca sobre su personalidad dos características notables: gentil y discreta y sobre su físico, sus facciones:

> *"Muy poderosa señora,*
> *fija de reyes y nieta,*
> *reyna gentil e discreta,*
> *en virtudes más perfecta*
> *que quantas reynas agora...*

---

[189] Suárez Fernández, Op. cit., p. 233.

De parte de vuestro padre,
venís de reyes onrrados,
bien por el mundo famados;
pues los otros dos costados,
nos los menguó vuestra madre...
Vuestras facciones polidas,
reyna de las castellanas,
tan perfetas son e sanas,
que no pareçen umanas,
mas del çielo deçendidas...
Soys de viçios enemiga,
secaçes de juventud;
de bondad e de virtud...
De vuestra noble mesura,
las nobles son envidiosas;
de la graçia las graciosas,
de la beldad las hermosas,
las cuerdas de la cordura" 190 .

El poema de Román es un poema de amor no correspondido a la reina. En la primera estrofa elogia sus características personales y en la segunda encomienda su inteligencia:

"Alta reyna esclarecida
do toda beldad se dora,
de bienes sin fin cumplida;
de la fortuna seguida
mas al fin, della señora;

---

190 Martín, José Luis. Enrique IV de Castilla: Rey de Navarra, Príncipe de Cataluña. Hondarribia: Editorial Nerea, S.A., 2003, p. 299.

do la beldad es sin par,

do las gracias tienen nombre...

Serviros y contentaros,

contentaros y serviros

hazen mis tormentos claros,

claros para más amaros,

amaros y no mentiros.

Mas si vos con desamor

no miráis el triste daño

que me da el cruel dolor,

nunca fue pena mayor

ni tormento tan extraño...

Alta reina y apurada

do la beldad sesclaresce,

la canción va sentenciada

y no va tan bien glosada

como su causa meresce" [191].

Palacio de la reina Juana

Cuando la reina se encontraba en Segovia prefería residir en el palacio de San Martín debido a que este tenía una estancia palaciega reservada para su casa llamada el Palacio de la reina Juana [192]. El rey Enrique IV seguramente obtiene y remodela esta vivienda en 1455, año en que se casó con la reina y cedió su quinta campestre de la Dehesa a los franciscanos. Es muy probable que

---

[191] Ibídem, p. 300.

[192] Este palacio, al igual que muchos palacios de esta época estaba compuesto de un complejo de estancias independientes y compartían patios.

este palacio se convirtiera en parte de la casa de Enrique IV en 1429 cuando el rey Juan II le pone a su hijo casa en Segovia. La ciudad le fue concedida en señorío en 1440.

El palacio de San Martín era una edificación que ocupaba una serie de manzanas y presentaba diferentes fachadas a las diferentes calles públicas que le rodeaban. Las casas se comunicaban entre sí por un sistema de patios y corrales que servían para facilitar la comunicación del espacio interiormente.

Dibujo del palacio de la reina Juana de Portugal, Plaza de las Arquetas, Segovia; por José María Avrial y Flores,1840. Foto Wikipedia.org.

Lo rodeaban las casas de don Diego Arias de Ávila al noroeste y al lado opuesto la casa de los Barrasa, que es hoy en día actual pa-

lacio de Lozoya y unas casas propiedad de Isabel Arias [193] . La casa de la reina formaba parte del conjunto de la residencia real pero tenía independencia, encontrándose su entrada enfrente de la plaza de las Arquetas.

Allí la reina Juana pasó muchas amarguras como fue el caso en 1464 cuando trataron de apoderarse de su persona:

"...e porque entramos dormían juntos en el palaçio del rrey, prometiéndole grandes merçedes, concertó con ellos que una noche señalada le diesen entrada por la puerta de la rreyna secretamente e lo apoderase dentro de la casa, para que lo tomase e a los ynfantes, el conde de Paredes prendiese al rrey, el maestre de Calatrava al Nuevo maestre de Santiago e lo degollase, los condes de Plasençia y de Alva a la rreyna e a la prinçesa" [194] .

Dibujos de ventanas estilo mudéjar del palacio de la reina Juana de Portugal, Segovia. Dibujante José María Avrial y Flores, 1840. Foto Wikipedia.org.

---

[193] López Díez, María. Los Trastámara en Segovia. Juan Guas, maestro de obras reales. Obra social y cultural. Segovia: Caja Segovia, 2006, p. 274.

[194] Enríquez Del Castillo, Diego. Crónica de Enrique IV de Diego Enríquez del Castillo. Valladolid: Ed. Aureliano Sánchez Martín, Universidad de Valladolid, 1994, p. 217.

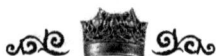

El palacio de San Martín "... había sido construido por Enrique IV el cual prefirió labrarse un pequeño Palacio civil en el centro de la población..."195. Se encontraba "...cerca de la Iglesia de San Martín, y en esta ciudad, hizo una casa asaz notable para su aposentamiento"196. La mejor descripción de la localización la ofrece el historiador Rafael Domínguez Casas cuando explica que "Este palacio ocupaba un perímetro limitado por la plaza de las Arquetas, plaza de los Espejos, calle de los Viejos, calle de San Martín, calle de Arias Dávila, plaza de los Huertos y calle de los Huertos. Constaba de un conjunto de edificaciones reunidas en torno a varios patios. Una parte de ellos, situada al Este, era todavía conocida en 1507 como "Casas de la Reina", en recuerdo de la Reina Doña Juana de Portugal, esposa de Enrique IV. Según el cronista Enríquez del Castillo, en 1463 el Palacio de la Reina "estaba junto con el Palacio del Rey". Recordemos que, según la etiqueta de los Trastámara, la Cámara de cada miembro de la familia Real era independiente. Esto implica que la Reina viviría con sus damas, dueñas y doncellas, en unas habitaciones reunidas en torno a un patio de dos alturas. Esta parte del Palacio, situada en la plaza de las Arquetas de la Reina, o de la Reina Doña Juana, era la única

195 Domínguez Casas, Rafael. Arte y etiqueta de los Reyes Católicos: Artistas, Residencias, Jardines y Bosques. Madrid: Alpuerto, 1993, p. 333.

196 De Valera, Diego. Crónica de los Reyes Católicos, Edición y estudio de Juan de Mata Carriazo, Colección Anejos de la "Revista de Filología Española", 8, Madrid: José Molina, 1927, p. 95.

que estaba decorada con el blasón partido de aquella Soberana"[197].

La profesora López Diez confirma la conclusión de Domínguez Casas al asegurarnos que "El palacio de San Martín, fragmentado poco después de la muerte del monarca (Enrique IV), se habitó poco tiempo. Al parecer, estaba formado por una serie de estancias vertebradas por patios que no respondían a un proyecto coherente, sino que, más bien, era una suma de elementos añadidos. El exterior era pobre, aparejado con mampostería y ladrillo. En contraste, los interiores estaban ricamente decorados, gracias a la labor de artistas de procedencia musulmana, como ocurría en el Alcázar"[198].

El palacio del Rey estaba "...a Poniente, en el ángulo que forman las calles de San Martín y Arias Dávila; en la parte que hoy ocupa la plaza de los Espejos, entre ambos palacios, estaba el corral de la leonera de Enrique IV..."[199]. O sea que, a la izquierda y contigua a la casa de la Reina se encontraba una cerca para el corral de los leones. Debajo de la casa de la reina Juana todavía hoy día se encuentran los sótanos en los cuales "...existieron las leoneras donde se encerraban los leones del rey"[200]. Esto significa que

---

[197] Domínguez Casas, Op. cit., p. 333.

[198] López Díez, Op. cit., 1998, p. 274.

[199] De Cáceres, Merino. "El palacio real de Segovia, un monumento que desaparece", El Adelantado de Segovia, jueves 13 de julio de 2000, Segovia, 2000, p. 18. (Agradezco al Archivo de Segovia el haberme obsequiado con la copia del artículo).

[200] Nistal, Manuel y Garci-Sánchez, María Teresa. Segovia: patrimonio de la humanidad. Madrid: Colección Turimagen, 1994, p. 87.

al palacio llegarían ruidos y malos olores de estos animales. En especial tiene que haber sido un espectáculo que infundía miedo a los niños de ocho y diez años, edad aproximada que deben de haber tenido Isabel y su hermano Alfonso cuando llegan allí a residir. La casa de la Reina Juana era "...un edificio organizado en torno a un patio porticado de cumplido tamaño, con pilares ochavados de carácter toledano que, a pesar de la renovación sufrida en la pasada centuria aún conserva su carácter medieval.

Torre de Arias Dávila, casa solar del linaje, Segovia; carácter mudéjar de mediados del siglo XV, posiblemente construido por Diego Arias Dávila. Foto Carmen Alicia Morales.

La fachada principal también debió ser renovada por las mismas fechas, con indudable acierto, a pesar de la excesiva altura que se les dio a los huecos del primer piso;...El acceso se produce

en recodo, a través de un amplio zaguán, a la manera islámica, tan común en la ciudad" [201] .

En 1461, cuando los infantes Isabel y Alfonso vienen a vivir a la casa de la reina, la vivienda de Isabel, cuando era niña, tiene que haber estado localizada dentro de este complejo de casonas en un área muy cerca o fue acomodada en el Palacio de la reina Juana. Todavía se encuentra hoy en día lo que resta de esa casona o palacio residencial, frente por frente a la Plaza de la Reina Juana. En 1429 esta casa fue un "regalo de Juan II a su hijo Enrique IV, que la habitó como palacio dentro de la ciudad. La fachada ofrece portada con dintel y jambas de granito, columnas a ambos lados, dos escudos en los flancos del balcón central y otro más sobre él.

Este último contiene cinco castillos, que corresponden a los Mercados, Peñalosa y Heredia, que compraron la casa a finales del reinado de Isabel la Católica. Del antiguo palacio se conserva la portada, un patio con dos arcos cerrados de estilo morisco, posiblemente de Xadel Alcalde, con sendos escudos partidos de Castilla y Portugal" [202] . Es en 1456 cuando se "...llevaron a cabo notables obras de remodelación...por entonces se estaban llevando a cabo en el Alcázar, y cabe interpretar que Xadel Alcalde, autor de la sala del Solio, no sería ajeno a la decoración del palacio Real de San Martín..." [203] . De la fachada también se conserva su puerta

---

[201] De Cáceres, Op. cit., p. 18.

[202] Nistal, Op. cit., p. 87.

[203] De Cáceres, Op. cit., p. 18.

original (aunque está muy mal preservada), y algunos marcos de las ventanas originales en el interior.

El historiador Francisco Javier Mosácula María publicó en el diario *El Adelantado de Segovia* una serie de artículos sobre el palacio real de San Martín 204 . Mosácula María confirma que:

"En el conjunto del edificio se diferenciaban claramente las estancias del Rey y de la Reina, de tal modo que parecían unidades independientes, cada una con sus respectivos patios, corredores y su propia torre. Aunque cada Palacio tenía sus propios accesos - puerta principal y puerta trasera-, existía un portillo que permitía el paso de Mediodía hasta el Norte, teniendo orientadas hacia Poniente la mayor parte de sus fachadas; el edificio tenía su entrada principal por la plaza de San Martín, diversos pabellones en torno a un patio porticado, un torreón y un portillo trasero por el que salía Enrique IV cuando quería pasar desapercibido.

Las proporciones de este sector eran mucho más grandes proporciones en su fachada de la plaza de los Huertos, pero la inestabilidad del terreno provocó que, ya en vida del Rey, se agrietaran de tal modo sus muros por causa del hundimiento de sus cimientos, que fue necesario proceder a su demolición. El Palacio de la Reina se situaba hacia Saliente, con entrada por la plaza de los

---

[204] El Archivo de Segovia tuvo la amabilidad de brindarme una copia de la serie de artículos que publicó el periodista Francisco Javier Mosácula María. Se publicaron en el diario El Adelantado de Segovia, con el tema del palacio real de San Martín. La referencia a las páginas del artículo, que se ofrecen en este estudio, pertenecen a la copia del archivo y no a la del diario en que se publicaron originalmente

Espejos, tenía un patio porticado alrededor del cual se distribuían las salas de la casa, su propia torre y una puerta trasera que daba a lo que hoy es Mercado de los Huertos" 205 .

Se conservan todavía "En lo que fue Palacio de la Reina...un patio porticado, que, desgraciadamente, se ha arruinado. Quedan dos arcos gótico-mudéjares, similares a los de la Sala del Solio del Alcázar, y un arco y una ventana con yeserías en el rellano de la escalera. Las cámaras en torno al patio porticado, ostentaban sencillos alfanjes de vigas y carreras policromadas, con las armas de Castilla y León en las tabicas" 206 .

En casa de la reina Juana

La reina Juana viene a ocupar el puesto de la madre de la infanta Isabel estando ésta bajo la tutela y la casa de su hermano Enrique IV. Desde que Isabel llegó a la corte de Enrique IV se encontrará viajando con la casa de la reina Juana:

"e asy llegado a Medina del Canpo, enbió a mandar a Juan Guillén, que tenía la guarda de la rreyna en Segovia, que la truxiese luego allí e a la infanta doña Ysabel, su hermana, con ella, e que a su hija la dexase en el alcáçar..." 207 .

---

205 Mosácula María, Francisco Javier. El Adelantado de Segovia. Segovia, 2005, p. 3. Esta página corresponde a copia de los artículos publicados por el periodista en el diario y fotocopiados por el Archivo de Segovia del archivo original de Mosácula María.

206 Ibídem, p. 10.

207 Del Pulgar, Fernando. Crónica de los Reyes Católicos, Vol. I, II. Madrid: Ed. Carriazo, Juan de Mata, Espasa-Calpe, 1943, p. 234.

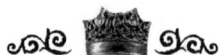

Más adelante llega la reina Juana a Simancas a encontrarse con el rey y acompañada de la "ynfanta Ysabel con ella, que venían a verse con el rrey de Portugal, su hermano..."[208]. Estos viajes favorecen la vida política de la reina Isabel la Católica al convertirse en monarca, porque se expone a viajar por Castilla constantemente. Las crónicas informan que la infanta Isabel no se aparta de la reina Juana hasta que en 1467 decide quedarse en el palacio de San Martín a esperar la entrada de su hermano don Alfonso, mientras la reina Juana se va a refugiar al Alcázar de Segovia.

Derecho sucesorio

Podemos concluir que, a pesar de que la reina Juana de Portugal tuvo hijos fuera de matrimonio, y su comportamiento es reprochado por el cronista Alonso de Palencia y posiblemente sus contemporáneos en la corte castellana, ella era la hermana del rey de Portugal, una infanta criada de acuerdo con las necesidades protocolares de la corte portuguesa y educada con la sensibilidad religiosa de las nobles damas de su época.

La hija de la reina Juana, doña Juana I de Castilla, nació en Madrid, el 21 de febrero de 1462. La conocida incapacidad del rey para interesarse en la reina, crea tensiones en la corte porque sus adversarios sospechaban que la niña no era la hija del matrimonio y utilizan este pretexto para tratar de quitar el poder monárquico al rey. La paternidad de la infanta fue dada a don Beltrán de la

---

[208] Ibídem, p. 247

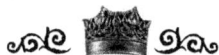

Cueva y Mercado (1443-1492), Primer Duque de Albuquerque; hijo de don Diego Fernández de la Cueva, Regidor de Úbeda y de doña María Alonso y Mercado [209]. Se tiene constancia de que esta noble familia se había establecido en la villa desde el siglo XIII.

Pintura de la infanta Juana de Castilla, apodada La Beltraneja, hija de la reina Juana de Portugal y del rey Enrique IV. Foto Wikipedia.org.

Don Beltrán había llegado a la corte a servir en la cámara de Enrique IV en 1456, otorgándosele el nombramiento de Paje de Lanza. Este honor había sido otorgado previamente por el rey a otro de los hijos del Regidor don Diego Fernández de la Cueva [210]. Don Diego pide al rey que en lugar de honrar a su hijo Juan de la

---

[209] Rodríguez Villa, Antonio. Bosquejo biográfico de don Beltrán de la Cueva. Madrid: Luis Navarro, 1881. Reimpresa: Ed. Kessinger Publishing, 2010, p. 5.

[210] Ibídem, p. 2.

Cueva, que se llevara a servirle a don Beltrán. Él ascendió muy ligero en la corte enriqueña, en 1457 había sido nombrado Mayordomo del rey, miembro de su Consejo, y Señor de Jimena de la Frontera, Jaén y de ahí en adelante crece su acreditación nobiliaria hasta que se convierte en el Válido de Enrique IV. En 1462 se casó con doña Mencia de Mendoza y Luna, hija de don Diego Hurtado de Mendoza y sobrina del Cardenal Mendoza y con ella estuvo casado hasta que enviuda en 1476. Poco después de nacer Juana I de Castilla, en 1462, es investido como Maestre de la Orden de Santiago [211].

Mientras tanto, desde el 6 de julio de 1463 obtiene, la reina Juana de Portugal, poderes para defender el derecho de su hija a la herencia del trono de Castilla y apoya el matrimonio de su hermano, el rey don Alfonso V de Portugal con Isabel de Castilla. En septiembre se firmó un acuerdo con el rey Alfonso V en el cual se garantizaba la dote y la reina Juana garantizaba que la infanta permanecería bajo su custodia hasta el momento de ser entregada en matrimonio [212].

Este acuerdo fue promovido por la reina posiblemente para alejar a la infanta Isabel de la corte y la posibilidad de concebir ambiciones alrededor del trono castellano, en esta forma, se aseguraba el trono para su hija doña Juana, visto el ambiente de afiliación política que reinaba en Castilla. El proyecto se firmó en

---

[211] Franco Silva, Alfonso. Estudios sobre Don Beltrán de la Cueva y el Ducado de Alburquerque. Cáceres: Universidad de Extremadura, 2002, p. 100.

[212] Del Pulgar, Op. cit., p. 331.

septiembre, y el 20 de febrero de 1466 el rey Enrique IV firmó el juro de garantía de 340,000 maravedís en favor de la infanta Isabel como condición para el matrimonio con el rey Alfonso de Portugal.

Desafortunadamente, a principios de septiembre de ese mismo año cambió la suerte de la reina Juana, perdió las posibilidades de llevar a cabo sus planes porque se deterioraron las relaciones y su influencia sobre Enrique IV. Él había decidido aceptar al infante don Alfonso, su hermano, príncipe con derecho de sucesión al trono castellano. Este acuerdo garantizaba que su hija Juana sería favorecida económicamente y que se comprometería en matrimonio con el príncipe don Alfonso[213]. Finalmente, la reina Juana fue marginada completamente, en el momento en que Enrique IV decidió garantizar la villa de Coca como escenario de negociaciones con el bando Alfonsino, y para asegurar la paz, entre otros acuerdos, ofrecía a la reina Juana y a su hija como rehenes.

La reina regresó a Segovia a refugiarse en su palacio de San Martín (a pesar de que Enrique IV vuelve a Segovia más adelante, ya la ciudad no era tan segura para él, debido a que la familia de los Arias Dávila y su bando desconfiaban de él). En agosto de 1467; la reina, la infanta Isabel y la duquesa de Albuquerque (esposa de don Beltrán de la Cueva, el válido de Enrique IV) se encontraban en el palacio de la reina Juana en San Martín. La reina decidió que era más seguro para ella refugiarse en la catedral y de

---

[213] Ibídem, p. 359.

ahí pasó al alcázar de Segovia. Isabel permaneció en el palacio real de San Martín, rodeada de sus damas, esperando a su hermano, el infante Alfonso. Al huir al alcázar doña Juana se encontró sola y separada de su hija y su esposo, el rey Enrique IV. Había sido desprovista de su influencia política y de todos sus derechos de reina. Mientras tanto don Beltrán de la Cueva permaneció en Cuéllar y su casa ofreció custodia a la reina Juana y su hija; ella aceptó la ayuda.

Esta decisión del rey Enrique IV para lograr una tregua de pacificación con sus enemigos destruyó todas las esperanzas monárquicas de la reina para su hija; Juana de Castilla. Ella fue traicionada y humillada por su esposo y por los nobles que habían convencido a Enrique IV de tal acción en contra de su persona y su hija. Al final la reina tiene que haber sentido:

"...una sensación de desamparo en que debió hallarse desde entonces aquella pobre mujer; llena de angustia, a la que primero se había obligado a un matrimonio cuyas relaciones conyugales estaban rodeadas de detalles médicos humillantes y dolorosos, es un factor histórico digno de tener en cuenta. Una gran parte del reino la acusaba de adulterio. Se hallaba, finalmente, a merced de enemigos, sin que su marido pudiera o quisiera al menos, prestarle ayuda..."[214].

La reina y su familia fueron traicionados por las tramas de Juan Pacheco con Hernán Carrillo y su mujer Mencía de Padilla,

---

[214] Ibídem, p. 361.

que era una dama de la corte de la reina Juana, y en esta forma lograron entrar en el Palacio de San Martín [215].

Relación con 'el mozo'

El 1 de octubre de 1467, la reina fue rescatada del alcázar de Segovia y de ahí primero fue a Coca y luego a Alaejos (en las inmediaciones de Valladolid). Estando en Alaejos, don Pedro de Castilla y doña Beatriz Rodríguez de Fonseca y Ulloa fueron designados como sus custodios. Doña Beatriz se convirtió en dama de la reina Juana. Y parece ser que desde su llegada en 1467, la reina Juana mantuvo una relación con uno de los hijos de la pareja, su maestresala, llamado don Pedro de Castilla y Fonseca (de apodo "el mozo").

Pedro de Castilla y Fonseca, el mozo, era biznieto del rey Pedro I de Castilla y doña Isabel de Sandoval. Uno de los hijos del rey Pedro I de Castilla, fue Diego de Castilla y Sandoval, apresado en Carmona por orden de su hermano, el rey Enrique II y encarcelado en Curiel durante 55 años (hasta 1434). Mientras se encontraba en Curiel tuvo cuatro hijos con doña Isabel de Salazar, la hija del alcaide de la prisión. Sus hijos fueron Isabel, María y Pedro de Castilla y Salazar. Este último hijo vivió bajo la tutela de Teresa de Ayala, priora en el monasterio toledano Santo Domingo el Real. Se casó con doña Beatriz Rodríguez de Fonseca y Ulloa, hija de Juan Alonso de Ulloa (consejero de Juan II) y de Beatriz de Fonseca, hermana esta última de dos hombres de mucha influencia;

---

[215] López Díez, Op. cit., p. 274.

don Alonso de Fonseca y Ulloa, quien fue arzobispo de Sevilla entre 1418 y 1473 y de Fernando de Fonseca y Ulloa, primer señor de Coca y Alaejos y maestresala del rey Juan II [216]. Dos de las hermanas de Pedro de Castilla, el mozo, María y Catalina, profesaron en el monasterio de Santo Domingo el Real de Toledo [217].

De esta unión, de la reina Juana con Pedro de Castilla, nacieron dos hijos gemelos; Pedro Apóstol de Castilla y Portugal y Andrés de Castilla y Portugal. En las nóminas firmadas por la reina Isabel, el 15 de julio de 1486, ella otorga al tesorero Gonzalo de Baeza, para que entregue, "Al dicho Piçarro, para vestir a los fijos de la reyna doña Juana, 14.000 mrs" [218]. Quiere decir que los niños se encontraban en la corte de la reina Isabel en 1486 (la reina Juana murió en 1475).

Relación con su hija

La reina Juana de Portugal sostuvo y trató de defender el derecho sucesorio de su hija para heredar el trono de Castilla. El Cronicón de Valladolid menciona, sobre el matrimonio de doña Juana de Castilla, "Estando la Reina en Toledo acaeció la entrada del Rey de Portugal con tres mil y quinientos de á caballo y muchísi-

[216] González de Fauve, María Estela; de Forteza, Patricia y de las Heras, Isabel J. "Espacios de poder femenino en la Castilla bajomedieval. El caso del linaje de los Castilla", Cuadernos de historia de España, V. 82. Buenos Aires, ene.-dic. 2008. Disponible en internet: ISBN 1850-2717.

[217] Ibídem.

[218] Cuentas de Gonzalo de Baeza: tesorero de Isabel la Católica. Tomo I, Ed. de La Torre, Antonio. Madrid: Consejo Superior de Investigaciones Científicas, 1956, p. 51.

ma gente de á pié. Dirjióse á la ciudad de Plasencia donde se desposó públicamente con la Beltraneja, proclamándoseles Reyes de Castilla el día 25 de mayo en que caía la fiesta de Corpus Christi" [219].

La reina Juana se encontraba en Toledo adonde asistió el rey Alfonso V con tres mil quinientos hombres a caballo. Se desposó en Plasencia con la infanta Juana de Castilla el 25 de mayo de 1475. De Toledo la reina partió a Madrid en donde murió a los 36 años, unos meses después que el rey Enrique IV. Alonso de Palencia le dedica en su crónica un párrafo en el cual siente compasión por la reina y reclama que:

"Por este tiempo acabó su desdichada vida en Madrid, la reina Da Juana, en cuyo seno se procreo aquel germen de horrendas discordias. Díjose que había muerto envenenada por su hermano el rey de Portugal, por cuanto, pesarosa de su adulterio, tan funesto a los reinos de España había querido hacer pública manifestación de su arrepentimiento. Otros afirmaron que la causa de su muerte había sido un aborto. Sea de esto lo que quiera, ni en D. Alfonso ni en ninguno de los Grandes, sus parientes, se vio señal alguna de tristeza por la muerte de la desventurada Reina, que, profundamente despreciada por él, jamás le había visitado, como tampoco al yerno después del nuevo parentesco" [220].

---

[219] De Palencia, Alonso. Crónica de Enrique IV, Década II, Libro 2, Capítulo IV, Trad. Paz y Meliá, A. Biblioteca de Autores Españoles, Madrid: Atlas, 1975, p. 200.

[220] De Palencia, Alonso. Crónica de Enrique IV. Década III. Libro I, Trad. Paz y Meliá, A. Madrid: Biblioteca de Autores Españoles, 1976, p. 245.

Su testamento

Fue escrito en cuatro pliegos de papel, por ella misma, firmado con su nombre y timbrado con su sello pequeño, fechado en el mes de abril de 1475 [221]. El día 12 de agosto de ese mismo año, por mandado del alcalde ordinario de la villa de Madrid, Juan Marín, se presentó el señor don Pedro de Castilla, tío de la reina y canciller mayor a presentar declaratoria de herederos del testamento de la reina Juana [222]. En el primer pliego del testamento está escrito: "Testamento de la reina doña Juana, que Dios perdone".

El testamento está dividido en cuatro partes a saber; en la primera parte la reina lleva a cabo una reflexión filosófica sobre la vida y el estado en que se vive; dedica dos párrafos a la importancia de ejercer el derecho de escribir un testamento; procede a dejar ordenes de cómo y bajo qué circunstancias quiere ser enterrada; tercero, deja órdenes para disponer de sus criados y de su hacienda; aboga por la reclamación de las arras de su matrimonio y porque se cumpla el testamento; y quinto, que su hija, la reina Juana disponga del mismo con el administrador testamentario que ella dispuso.

---

[221] El documento original se encuentra en el archivo de la casa de Cifuentes y no lo hemos podido examinar.

[222] Colección de Documentos Inéditos para la Historia de España, Madrid: Ed. Salva, D. Miguel y Sainz de Baranda, D. Pedro, Imprenta de la viuda de Calero, 1848, p. 470.

Casa de la reina Juana de Portugal en Aranda de Duero. Llamada Casa de las Bolas en la Plaza de San Juan. Foto Museo de la Casa de Aranda de Duero.

Sobre su filosofía de vida comparte que hay que aceptar que lo más importante en la vida es amar y servir a Dios y que debe existir completo arrepentimiento de los pecados de parte del pecador. Una vez el pecador se arrepiente Dios lo perdona por su inmensa compasión. Acepta que debido a que el cuerpo se inclina a hacer el mal "... el pecador debe de llorar sus pecados como culpado, habiendo esperanza en aquel verdadero Dios que en el árbol de la Veracrus" [223] .

---

[223] Ibídem, p. 470. Existe una nota al calce en este testamento y lee que junto con este testamento de la reina existe "Copia de un testimonio dado por el escribano de Madrid, Miguel Rodríguez, sábado 12 de agosto de 1475, por mandado del alcalde ordinario de esta villa Juan

Confirma la importancia de honrar su derecho al escribir su voluntad y sus últimos deseos en un testamento (recurre en los testamentos de la época). Este acto revela su necesidad de cumplir con la administración de sus bienes materiales y necesidades espirituales. Expresa además su capacidad mental para dictar sensatamente sus deseos.

Estipula que su enterramiento es honorable física y espiritualmente al pedir ser enterrada apropiadamente en el monasterio de San Francisco, en un lugar hueco y levantado de la tierra y sin ataúd, 24 horas después de morir. Antes de fallecer deberá ser vestida con su hábito y morir en el suelo como los monjes y rodeada de velas de Santa Úrsula 224 . Quiere que se celebren 33 misas de Santo Amador después de muerta y desea oración continua de los frailes del monasterio.

Sobre su dinero dispone que se paguen veinte mil florines de sus arras para comprar renta y donativo para el monasterio y la libertad para tres cautivos. Pide a la reina, su hija y al rey Alfonso V de Portugal, su hermano, que se encarguen de sus criados en especial de don Pedro de Castilla, su tío y de su mujer y de don Pedro su hijo y sus herederos porque le han servido bien y lealmente. Quiere que dispongan del dinero además para pagar a to-

---

Marín, a pedimento de D. Pedro de Castilla, tío de la Reina y su canciller mayor. (Colección de Documentos Inéditos para la Historia de España, p. 477).

[224] Búsquedas del monasterio de San Francisco en Madrid, de la tumba de la reina Juana en algún otro lugar han sido infructuosas. El rey Enrique IV se encuentra enterrado en el Monasterio de Guadalupe, en Cáceres.

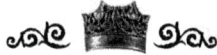

dos los que le han servido porque lo merecen. Y que sea honrado también su confesor y fraile guardián como testamentario y a Juan de la Torre por su servicio. Deja estipulado que lo que sobre de los florines le toque a su hija, la reina Juana de Castilla.

A su hija, doña Juana, le pide que se honren las mercedes que le hace a don Pedro de Castilla, su canciller mayor, con cien mil de juro por lo que le ha servido, además de que se le entregue las otras ayudas que ella le hace para su casamiento. Le comenta que si recupera Olmedo que le haga merced a don Pedro de las tercias porque se lo había prometido. Y que se construya un retablo a varios santos en la iglesia de dónde sea enterrada. Al final del testamento coloca una frase conmovedora en la que admite la magnitud de la difícil situación en que se encuentra cuando confiesa y reconoce su precaria situación, su estado anímico al firmar el testamento: "La triste Reina".

Las cuentas de Gonzalo de Baeza reflejan un gasto que hizo la reina Isabel la Católica en 1492:

"Por otra çédula de la Reyna, fecha 28-II del dicho año, 16.182 mrs., quel dicho tesorero dio e pago por su mandado, por dos pieças de seda blanca e colorada, para un hornamento de la casa de la Concibiçion de Toledo, e por dos pieças de çarçahan, para un dosel de la sepoltura de la reyna doña Juana, que santa gloria aya, lo qual Su Altesa mando dar a fray Ambrosio, que costó los dichos 16.182 mrs., en esta manera: las 16 varas de damasco de Floren-

cia, a 629 mrs. La vara, 9.920 mrs., e por las dos pieças de çarçahan, 6.262 mrs., que son los dichos 16.182 mrs." [225].

Al estudiar esta reina sorprende: su intransigencia social al enfrentarse con las costumbres de su época, su lucha política para hacer valer los derechos de su hija, su vida amorosa con Pedro de Castilla, sus hijos que nacen fuera de matrimonio y la insistente necesidad de abogar para que se honren sus derechos en su testamento. Este es el caso de la reina Juana de Portugal (esposa del rey Enrique IV y madre de Juana de Castilla también conocida como La Beltraneja): Juana de Portugal fue finalmente excluida de la participación y acceso a la corte del rey Enrique IV y de defender el derecho sucesorio de su hija debido a su "comportamiento" en su vida personal. Fue, en un principio, perseguida, discriminada socialmente y considerada indigna de ser reina según las costumbres de la corte castellana. Su testamento es un documento digno de analizar y dar a conocer debido a la lección de valor y audacia que se vislumbra en el mismo.

---

[225] Cuentas de Gonzalo de Baeza: tesorero de Isabel la Católica. Tomo II: 1492-1504. Madrid: Ed. de la Torre, Antonio, Consejo Superior de Investigaciones Científicas, 1956, p. 12.

Testamento de la Reina Juana de Portugal

(Publicado en la Colección de Documentos Inéditos para la Historia de España.)

COLECCION

DE

DOCUMENTOS INÉDITOS

PARA

LA HISTORIA DE ESPAÑA,

POR

D. MIGUEL SALVÁ Y D. PEDRO SAINZ DE BARANDA.

Individuos de la Academia de la Historia.

NÚMERO 1.º—*NOVIEMBRE DE 1848.*

Tomo XIII.

MADRID,
IMPRENTA DE LA VIUDA DE CALERO.

Calle de Sta. Isabel, núm 26.

470

TESTAMENTO

de la Reina Doña Juana, mujer de Enrique IV, escrito por ella misma, firmado de su nombre y sellado con su sello pequeño, fecho en el mes de abril de 1475.

Copia de un testimonio dado por el escribano de Madrid Miguel Rodriguez, sábado 12 de agosto de 1475, por mandado del alcalde ordinario de esta villa Juan Marín, á pedimento de D. Pedro de Castilla, tio de la Reina y su canciller mayor.

Dicho testimonio se conserva en el archivo de la casa de Cifuentes.

En la cubierta esta escrito: TESTAMENTO DE LA REINA DOÑA JUANA, QUE DIOS PERDONE.

En la noble é leal villa de Madrid sábado doce dias del mes de agosto año del nascimiento de nuestro Señor Jesucristo de mill é quatrocientos é setenta é cinco años, en presencia de mí el escribano público, é de los testigos de yuso escriptos ante Juan Marín, alcalde ordinario de la dicha villa, paresció el señor D. Pedro de Castilla é presentó antel dicho alcalde é leer fiso á mí el dicho escribano un testamento que decia ser escrito de la letra é nombre de la Reina Doña Juana nuestra señora, que santa gloria aya, é sellado con un sello de sus armas, segund que por el parescia escripto en dos pliegos de papel, su tenor del cual es este que se sigue:

"In nomini Patris et Fili é espiritu sante—Porque segund dice la sagrada escriptura todas las cosas munda-

145

471

nas perescen por tiempo sinon amar é servir á Dios, que aquel es Rey nuestro, el alvedrio dado á la criatura humana debe ser su entento dél de servir con amor y no por temor á aquel que la crió como quiera que en la breve vida del presente destierro el ánima cobdicia ser suelta del cuerpo por ser prono, inclinado á mal, ántes que á bien por la humanidad de pecar, por razon de lo qual el pecador debe de llorar sus pecados como culpado, habiendo esperanza en aquel verdadero Dios que en el árbol de la Veracruz † tomó muerte y pasion por redencion del humanal linaje, que por su santa piedad y infinita clemencia averá compasion de la mi ánima como ovo de la mujer cananea, é así mismo del ladron apasionado en la cruz, cuando le dijo: hoy serás conmigo en el paraiso. Para lo qual es grande y necesario remedio en cualquier tiempo el ome ó la mujer ordenar y faser su testamento é declarar su postrimera voluntad acerca de la distribusion de sus bienes, que nuestro Señor en este valle de lágrimas le quiso dar. Y en el faser del testamento ha reposo y folganza el ánima del testador seyendo cumplida su voluntad, de que se sigue remision de sus pecados, así mismo porque de la ordenacion del testamento se sigue é espera seguir otros mayores provechos, así espirituales como temporales. Por ende sepan cuantos esta carta de testamento vieren como yo Doña Juana Reina que fuí de Castilla é de Leon, mujer del Rey D. Enrique que Dios haya, otorgo é conosco que fago é ordeno este mi testamento é postrera voluntad á honor é servicio Dios y de la bienaventurada virgen María sin mancilla, su madre, á la cual pido que sea mi abogada en todos mis fechos con toda la corte celestial, creyendo firmemente la Santa Trinidad, Padre y Fijo, Espíritu Santo, tres personas é un solo Dios verdadero, estando

sana del cuerpo en mi entendimiento è seso natural, cual Dios me lo quiso dar; por quanto ninguna criatura puede saber ni es cierto del dia ni de la era que nuestro Señor enviará por ella; mando primeramente mi ánima á Dios Padre que la crió, y el cuerpo á la tierra onde fué formado; y que cuando fallesciere y pasare desta vida, mando que mi cuerpo sea enterrado en el monesterio de San Francisco, y que sea vestida con su hábito ántes que fallezca y muera ende y en el sea enterrada; y que ántes que fallezca cuando quiera espirar sea echada en el suelo como los religiosos desta órden, y non sea metida en atahud, salvo enterrada en algund logar hueco que no me llegue luego la tierra sobre mi, y non sea enterrada sinon que pase primero veinte é cuatro horas; y que al tiempo de mi finamiento me enciendan las candelas de Santa Ursula y me las pongan á la redonda de donde yo estoviere: esto sea ántes que espire, y estén ahí si ser pudiere, religiosos acerca de mi, y personas de buena vida, los cuales me fagan rezar el credo y protestaciones, si muriere, con mi fabla, y me fagan rezar á mi tres veces el verso de *Dirupisti vincula mea*, *tibi sacrificabo*, y el *Quicumque cult* (1) y *O gloriosa*, y otras buenas oraciones á los ángeles, y las que vieren que para tal paso son buenas para el ánima, y así mismo me las recen ellos; y el salterio y los salmos penitenciales. Y desde que fallesciere fasta que me entierren, mi cuerpo non sea dejado solo fasta que sea enterrado despues de las horas que ya dichas tengo. Mando que en el dia de mi finamiento, tanto que esté en el artículo de la muerte, que me digan en un dia las treinta é tres misas de Santo Amador con las candelas y oferta

(1) El original no dice mas que *cul*.

473

que dice la regla dellas; y si las dijeren ántes da mi muerte, tornénmelas á decir aquellas mismas despues que yo fi-
nare; y esto sea en el monesterio que me enterraren, y
den de ofrenda aquel dia mi capilla toda, así como la yo
toviere en el tiempo que yo fallesciere. Y mas que de lo
que yo toviere á tiempo de mi finamiento, si pudieren, den
de vestir á los frailes aquel dia del monesterio en que me
enterraren. Y pido al guardian que fuese de aquel monesterio en que mi cuerpo estoviere enterrado y á los que de
aqui adelante fueren, que siempre me fagan decir una
misa rezada á nuestra Señora, con responso de finados,
por mi ánima. Y le pido que me faga decir repartido entre los frailes, ó un salterio, ó mill padres nuestros: esto
cuando puedan y trabajo no se les faga. Y para que esto
tenga encargo de facer, pido á mi fija la Reina, ó á quien
estos reinos socediere y heredare, que pues son tenudos de
me pagar los veinte mill florines de mis arras, que dellos
compren alguna renta para aquel monesterio, ó para que le
dé cosa cierta cada año á su contentamiento, porque tenga
cuidado desto que mando facer por mi ánima. Y mas le
pido que destos florines, ó de lo que á hora de mi finamiento toviere, que tire tres cativos y pague á tres obre-
ros que sirvan tres años en Guadalupe, cada uno su año.
Y así pido á la Reina mi fija, y al Rey mi hermano y su
fijo que se quieran encargar de mis criados y criadas,
los que á tiempo de mi finamiento estuvieren, en especial de D. Pedro de Castilla, mi tio, y de su mujer, y de
D. Pedro, su fijo, por lo que me han servido, y así de su
hermana y hermanos, dándoles sus moradias y sus oficios,
y galardonándoles lo mucho que me han servido, no dan-
do logar aquellos, nin ninguno dellos, sean maltratados,
ni desonrado, nin apremiado, diciendo por ellos haber ha-

474

bido alguna cosa de lo mío, porque desde aquí para aquí y
para ante Dios, les do por libres é quitos, y les he dado
carta de quitacion para ellos y sus herederos de todos los
cargos, ó cargo que de mí hayan tenido, porquellos me sir-
vian muy bien y lealmente en ellos, y yo estó de todo muy
contenta de la cuenta que me han dado de todo. Y de todo
lo que presumian que yo tenia al tiempo de mi fallescimiento, mas de lo que paresciere á donde yo muriere non
habiendo (1) de tomar cuenta dello á nadie, ni razon dello,
porque yo fice dello lo que me complia, y vi que me era
necesario. Y así mismo á mis mujeres les queria dar de
aquellos florines, á cada una su casamiento, segun vieren
que lo merescen. Y quieran así mismo pagar á mis criados, los que á tiempo de mi fallescimiento vivieren conmigo, segun vieren que lo merescen. Y para que esto
vean, dejo al guardian mi padre y mi confesor por testamentario, y aquel fraile guardian que fuere del monesterio en que me enterraren, y á mi tio D. Pedro para que
lo procure y solicite de las personas que viere que esto han
de descargar estos veinte mill florines, y que despues de
fecho estas restituciones si algo quedase destos florines,
queden á la Reina mi fija. Y así le pido á la Reina mi
fija que las mercedes que yo toviere fechas á D. Pedro de
Castilla mi chanceller mayor gelas confirme y gelas pase,
y que faga dar á D. Pedro de Castilla mi chanceller mayor cien mill de juro por lo que me ha servido, allende
de las otras mercedes y favores que por esto ella le faga
para ayuda de su casamiento. Y ansí á Juan de la Torre
por el servicio que me fiso, que así allende de las otras
mercedes que della reciba él é sus parientes, ella le faga

(1) Quizá: non han ó non habian.

dar ó le compre veinte mill mrs. de juro conquel pueda
vevir. Y ansí mismo porque yo me fallo encargada mi con-
ciencia de la merced que fise á Alfon de Sequera de Torre
Gallindo, porque yo non le podia dar sinon la mitad, que
desde aquí yo revoco esta merced y pido á la Reina mi
fija que faga quella sea restituida á D. Jorge Ca . . . . y á
su tio; y de la mitad que yo podia dar quella dé á Alfonso
de Sequera alguna restitucion, y que aquella parte quede
á D. Pedro de Castilla mi chanceller mayor, para que si la
otra pudiere haber de su primo, la haya toda sin empedi-
miento ninguno por el señalado servicio que me fiso cuando me sacó de Alaejos. Y así le pido, si ella recobrare á Olmedo, le quiera facer merced á D. Pedro de las tercias de
aquel logar, porque yo las tenia dadas. Y así mismo faga
aquella villa faser un retablo de San Frutos y de Sant Antonio y de San Belnaldino y en la iglesia que se pusiere, faga allí dar una capellanía para que cada dia digan misa á
reverencia destos santos. Y si yo muriese tambien Aranda (1) pidole que mande faser allí un monesterio do lo yo
tenia comenzado, que sea de frailes de observancia, y tenga
mi padre el guardian cuidado de lo mandar faser segund
viere que cumple. Y así si hobiere Cibdad-Real, pido á
mi fija por mi bendicion de las tercias della á D. Pedro de
Castilla mi chanceller mayor, de juro de heredad, porque gelas tenia prometidas. Y así le pido por mi bendicion non tome otro confesor sinon á mi padre fray Pedro
de Alcalá, y le faga muchas mercedes á él y á todas cosas
suyas por lo mucho que á mí y á ella ha servido. Y que
todo esto que aquí digo le pido que lo faga por mi bendicion, y porque mi ánima vaya descansada desta vida, por-

(1) Tal vez en *Aranda.*

150

476

que esta es mi entera y postrera voluntad. Y quiero y mando que pase y valga esta escritura, y no otra ninguna que contra esta vaya, non sea valedera ni de ningund valor, sino lo que en este testamento se contiene : el cual es fecho de mi mano y firmado de mi firma y sellado con mi sello de armas el pequeño. Fecha en el mes de abril del año de mill y cccc lxxv—La triste Reina—E presentado é leido antel dicho alcalde en la manera que dicha es por el dicho D. Pedro de Castilla, el cual dijo que por cuanto deste dicho testamento se habian de enviar á algunas partes donde se habian de cumplir algunas cláusulas en él contenidas, y se temia y recelaba que se perderia por aguas, fuego, ó robo, ó otro caso fortuito de manera que no se podria cumplir lo en él contenido, por merced dijo que pedia y pidió al dicho alcalde que mandase á mí el dicho escribano público que sacase un traslado ó dos o mas, é los signase con mi signo, los cuales mandare que volviesen é ficiesen fee doquier que paresciesen como el dicho original. E luego el dicho alcalde tomó el dicho testamento en su mano y lo examinó y vido que no estaba roto ni cancellado, y mandó á mí el dicho escribano público que sacare un traslado ó dos ó mas é los signare de mi signo, en los cuales y en cada uno de ellos dijo que impornia é interpuso su abtoridad y decreto, é mandaba que valiesen como el dicho oreginal. De lo cual todo que dicho es, fueron testigos que presentes estaban, Juan Zapata, señor de Barajas é el Alameda, é D. Pedro de Castilla, fijo del dicho D. Pedro de Castilla, e Juan de la Torre, criado de la dicha señora Reina, que santa gloria haya. Va sobreraido ó dis rezar, y ó dis donde—Non le empezca—Juan Marin—E yo Miguell Rodrigues de Sanclemeyute, escribano público de la villa de Madrid á su tierra

477

por nuestro señor el Rey, fuí presente á todo lo que dicho es en uno con los dichos testigos, é de mandamiento del dicho alcalde, que firmó aquí su nombre, di este traslado escripto segund que ante mí pasó, é lo concerté con el dicho oreginal. El cual va escripto en estas cuatro fojas de papel ceptí de cuarto de pliego con esta en que va mi signo — E por ende fis aquí este mi signo á tal — *Miguell Rodrigues*.

Mapas

EN TIEMPOS DE LOS REYES CATÓLICOS

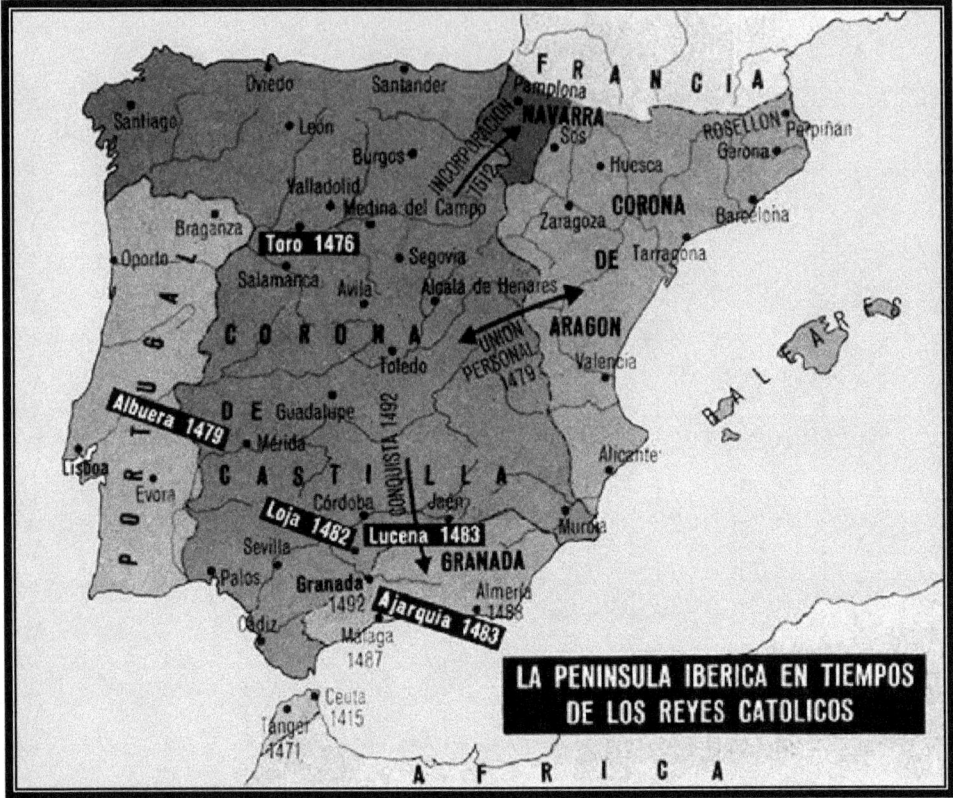

La Península Ibérica en tiempos de los Reyes Católicos

Reinos de la península Ibérica en tiempos de los Reyes Católicos. Destaca las batallas de Toro y Albuera, que fueron parte de la Guerra de Sucesión Castellana (1474-79) y de Loja, Lucena y Ajarquía, la Guerra de Granada (1483-1492). Atlas Histórico Marín, Barcelona, 1997, p. 66.

EL ÚLTIMO SIGLO DE LA EDAD MEDIA

La península Ibérica a fines del siglo XV. Destaca las batallas de Aljubarrota, entre Portugal y Castilla; Olmedo, entre Navarra y Castilla; Nájera y Montiel, entre Pedro I de Castilla y su hermanastro Enrique de Trastámara; Higueruela, entre tropas de Juan II de Castilla y huestes granadinas; Mislata, entre Pedro el Ceremonioso y la Unión de Valencia; Epila, entre las tropas de Pedro IV y los partidarios de la Unión aragonesa y Llucmajor, entre tropas de Pedro IV de Aragón y Jaime III de Mallorca. *Atlas Histórico Marín*, Barcelona, 1997, p. 83.

Isabel: Sus Antepasados

LA FAMILIA CASTELLANA

ÁRBOL GENEALÓGICO DE LA FAMILIA CASTELLANA
(1252-1504)

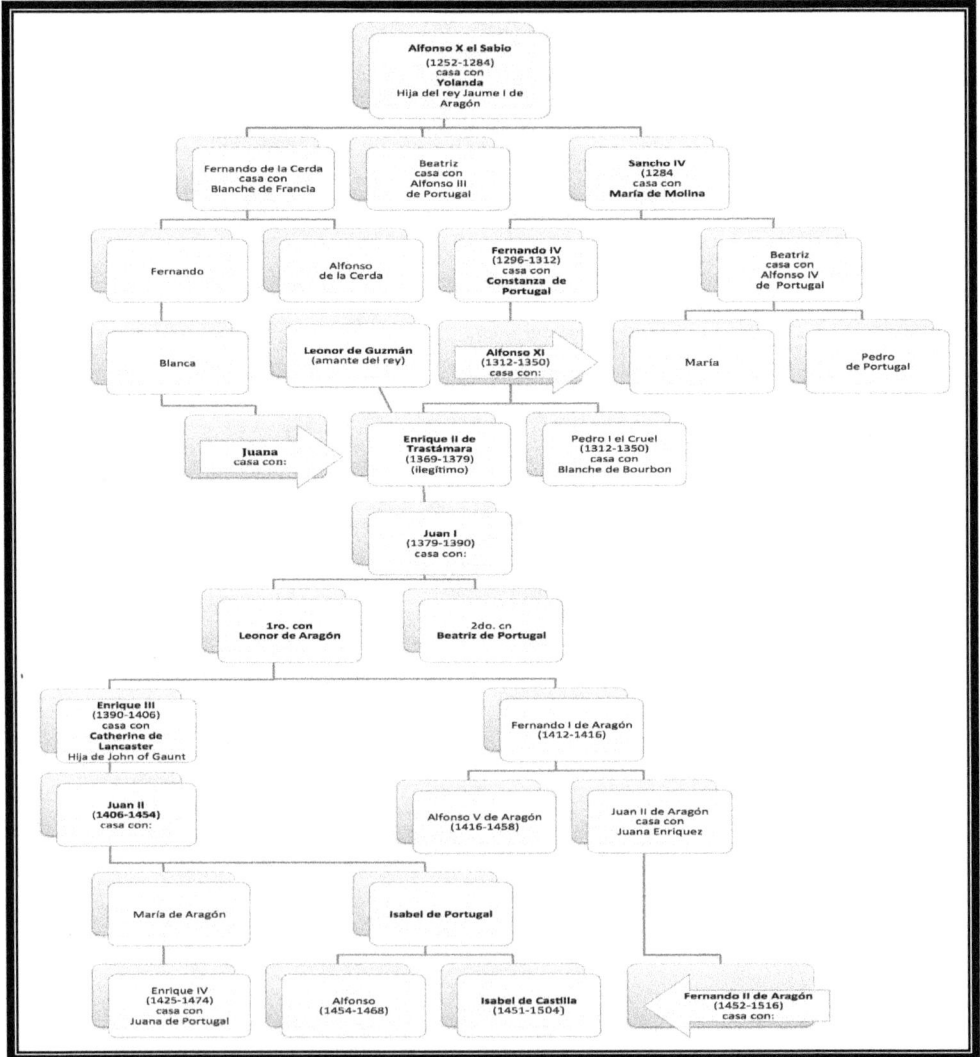

Alfonso X el Sabio
(1252-1284)
casa con
Yolanda
Hija del rey Jaume I de Aragón

Fernando de la Cerda
casa con
Blanche de Francia

Beatriz
casa con
Alfonso III
de Portugal

Sancho IV
(1284
casa con
María de Molina

Fernando

Alfonso
de la Cerda

Fernando IV
(1296-1312)
casa con
Constanza de Portugal

Beatriz
casa con
Alfonso IV
de Portugal

Blanca

Leonor de Guzmán
(amante del rey)

Alfonso XI
(1312-1350)
casa con:

María

Pedro
de Portugal

Juana
casa con:

Enrique II de Trastámara
(1369-1379)
(ilegítimo)

Pedro I el Cruel
(1312-1350)
casa con
Blanche de Bourbon

Juan I
(1379-1390)
casa con:

1ro. con
Leonor de Aragón

2do. cn
Beatriz de Portugal

Enrique III
(1390-1406)
casa con
Catherine de Lancaster
Hija de John of Gaunt

Fernando I de Aragón
(1412-1416)

Juan II
(1406-1454)
casa con:

Alfonso V de Aragón
(1416-1458)

Juan II de Aragón
casa con
Juana Enríquez

María de Aragón

Isabel de Portugal

Enrique IV
(1425-1474)
casa con
Juana de Portugal

Alfonso
(1454-1468)

Isabel de Castilla
(1451-1504)

Fernando II de Aragón
(1452-1516)
casa con:

Árbol genealógico adaptado de la página electrónica del profesor Robert R. Lauer (Lauer, 2006).

LA FAMILIA CASTELLANA

Durante el siglo XIII la península ibérica alcanza una fase de relativo equilibrio político. Cinco Reinos se reparten el territorio: el Reino de Portugal, la Corona de Castilla, el Reino de Navarra, la Corona de Aragón y el Emirato de Granada. Aragón y Portugal desarrollan su política y comercio en ultramar: los lusitanos en el noroeste de África y el Atlántico y los aragoneses y catalanes en el Mediterráneo. Castilla desarrolla una política netamente peninsular y agresivamente buscaba ampliar su dominio y consolidar una hegemonía peninsular [226]. Y esto se debe en parte a que la entronización de los Trastámara en Castilla surge en 1369 y desde entonces practican una política amistosa por un lado, alentada por la unión matrimonial de los príncipes herederos de la corona materna o paterna, y por otro, imperialista. Es en realidad a partir de Enrique II de Castilla (1333-1379) que:

"Los nuevos linajes nobiliarios comienzan su ascenso..., y todos ellos parecen manifestar un gran deseo de enriquecimiento, con la principal intención de destacarse socialmente y adquirir mayor fuerza y autoridad en el reino. La fuente principal de su riqueza se basa en los dominios patrimoniales, procedentes por lo general de

---

[226] López-Davalillo, Op. cit., p.117.

las mercedes reales, y sobre ellos, esta nueva nobleza ejerce un auténtico señorío"[227].

Mientras el rey Juan I de Portugal (1358-1433) y sus hijos cultivaban un imperio, y una política internacional que se empezaba a extender más allá de sus fronteras peninsulares, Castilla se ahogaba en el siglo XV con tres administraciones, poco diestras y sin poder resolver los quehaceres políticos castellanos, durante las monarquías continuas de los reyes Enrique III, Juan II y Enrique IV.

---

[227] Del Val Valdivieso, María Isabel. Isabel la Católica, Princesa (1468-1474). Valladolid: Instituto "Isabel la Católica" de Historia Eclesiástica, 1974, p.5.

Sepulcro del rey Juan II de Castilla, Cartuja de Miraflores, Burgos: escultor Gil de Siloé, 1489-1493. Foto Wikipedia.org.

JUAN II DE CASTILLA

L as gestiones de Catalina de Lancaster (hermana de Felipa de Lancaster) para mantener la guarda de su hijo, Juan II de Castilla (1405-1454), a la muerte de su esposo, el rey Enrique III de Castilla (1379 -1406), fueron muy difíciles y complicadas. En su testamento el rey Enrique III, dictó detalladamente quién estaría a cargo de la custodia, crianza, educación y tutela de su hijo.

A la muerte del rey, su hijo Juan II, se encuentra asediado por la batalla legal que le rodea, convirtiéndose en esta forma en un

rey entronizado, pero para los efectos era una figura decorativa [228].

La crónica devela que en cuanto es leído públicamente el testamento:

"la Reyna madre del Rey fue toda turbada e enojada por la cláusula que en él venía en que dezía que tuviesen e criasen los dichos Juan de Velasco e Diego López al Rey su hijo. E acabado de leer, dixo que ella lo entendía contradezir de fecho e de derecho, en quanto a la tenencia e crianza del dicho Rey su hijo. E ella e el dicho Infante e los procuradores del Reino demandaron cada uno el treslado dél..." [229].

Su infancia

La niñez de Juan II estuvo dirigida en gran parte por la influencia de su madre y de Álvaro de Luna, su tutor, un joven de 18 años (llega a la corte en 1408). Sus problemas se acrecentaron cuando apenas tenía doce años, el 2 de junio de 1418, mientras se encontraba en Valladolid, la reina Catalina de Lancaster amaneció muerta a la edad de 50 años [230]. Los esponsales para su matrimonio se llevaron a cabo el 20 de octubre de ese mismo año, en Me-

---

[228] Porrás Arboledas, Andrés. Juan II (1406-1454). Colección Reyes de Castilla y León, n° X. Palencia: Diputación Provincial, 1995, p. 15.

[229] Crónica de don Álvaro de Luna: Condestable de Castilla, Maestre de Santiago. Colección de Crónicas Españolas. Madrid: Ed. Carriazo y Arroquía, Juan de Mata, Espasa-Calpe, 1940, p. 43.

[230] Porrás Arboledas, Op. cit., p. 80.

dina del Campo, con su prima hermana, la infanta María, infanta de Aragón (hija de su tío Fernando I de Aragón), con quién había estado comprometido desde 1416. A la edad de veinte años, en 1425, Juan II tuvo su primer hijo con María, el futuro rey Enrique IV de Castilla. María de Aragón dirigió educacional y políticamente la vida del príncipe Enrique IV hasta que ella murió en 1447.

Al morir la reina María de Aragón, don Álvaro de Luna concertó inmediatamente el casamiento de Juan II con doña Isabel de Portugal. El Rey había enviudado hacía cinco meses, pretendía desposar a una infanta francesa, pero las negociaciones del maestre se adelantaron a sus planes [231]. Las bodas se celebraron en agosto de 1447 en la villa de Madrigal y estuvieron presentes: el condestable Álvaro de Luna, el marqués de Santillana, Iñigo López de Mendoza [232], el III conde de Benavente, don Rodrigo Alonso Pimentel y Enríquez y el maestre de Alcántara, Gutierre de Sotomayor.

Durante el reinado de Juan II "... el pueblo asiste como un espectador pasivo a los movimientos y alianzas que se intercalaban en el devenir de la Corte..." [233]. Y es que, a fuerza de la falta del control político del Rey "...este rey sin corona que fue don Álvaro, hubo de sobrellevar la pesada y, al propio tiempo, gratificante carga del poder a la falta de un Rey con la suficiente decisión para

---

[231] Porrás Arboleda, Op. cit., p. 24.

[232] Le escribe versos a la reina Isabel de Portugal.

[233] Porrás Arboledas, Op. cit., p. 24.

enfrentarse a sus adversarios..."[234]. Su carácter aparece siempre como el de un hombre "...débil y pusilánime, que le impulsaba a no castigar los desmanes que contra su autoridad se perpetraban, de modo que los merecedores de castigo – no pocos de los personajes que estaban a su alrededor – ni sentían temor ni le guardaban respeto..."[235].

Es prudente recordar que entre los logros de la regencia del rey Juan II es meritorio su esfuerzo para reanudar la guerra intermitente contra Granada (entre los años de 1410 a 1411). Su política litigadora con Inglaterra en el año de 1410 y con Portugal en el año 1411; en ambos casos para solucionar problemas políticos y negociar el mejoramiento de intercambios económicos. A pesar de que estas iniciativas políticas no tienen éxito, culminan en su realización durante el reinado de la reina Isabel de Castilla, no solamente por el éxito de sus empresas políticas, tal y como la conquista de Granada, sino que también ella casa a Catalina de Aragón con Enrique VIII de Inglaterra y a dos hijas (Isabel y María) con el rey de Portugal.

Ambiente cultural

Una ventana de cultura renacentista se adelanta durante su reinado entre 1419 a 1454, porque la monarquía de Juan II sirve como pórtico del Renacimiento castellano y se destaca en particu-

---

[234] Ibídem, p. 20.

[235] Ibídem, p. 16.

lar el apoyo al ámbito literario. Al rey le rodeaban una serie de problemas y confrontaciones políticas, no obstante, él patrocinó y estimuló una corte de nobles y caballeros cultivados en las letras. Juan II era un rey letrado, que correspondía a través de cartas, con luminarias del mundo literario, político y filosófico, entre ellos, el florentino Leonardo Aretino Bruni (1369-1444), humanista, historiador, traductor de la Ética de Aristóteles. En sus cartas, el rey, intercambiaba ideas con Aretino sobre temas filosóficos [236]. En 1445 patrocina a su escribano, el judío Johan Alfonso de Baena, para que recopile y publique el primer cancionero castellano, el Cancionero de poetas antiguos que fizo e ordeno e compuso e recopilo el judino Johan Alfon Baena, también conocido como Cancionero de Baena (un cancionero de poetas clásicos) [237]. Entre los poetas que él reunió en su corte se destacaron: Fernán Pérez de Guzmán (1370-1460), historiador, moralista y poeta; Iñigo López de Mendoza, Marqués de Santillana (1398-1458), la figura literaria más importante de su época, representativo de la aristocracia letrada que rodeaba al rey en el siglo XV; Juan de Mena (1411-1456) poeta culto por excelencia; y por último, Gómez Manrique (1412-1490), poeta, dramaturgo importante durante el reinado del rey Juan II, no obstante, su poesía se destaca en el reinado de Enrique IV y los Reyes Católicos [238]. Y por último, aunque no era tan famoso como poeta, el condestable don Álvaro

---

[236] Menéndez y Pelayo, Op. cit., p. 21.

[237] Este manuscrito se encontraba en la biblioteca de la reina Isabel la Católica.

[238] Tío del poeta Jorge Manrique (1440-1479), autor del poema Coplas a la muerte de su padre, clásico de la literatura española.

de Luna, se destacó honrando y/o alabando al rey con sus poemas, en una que otra ocasión.

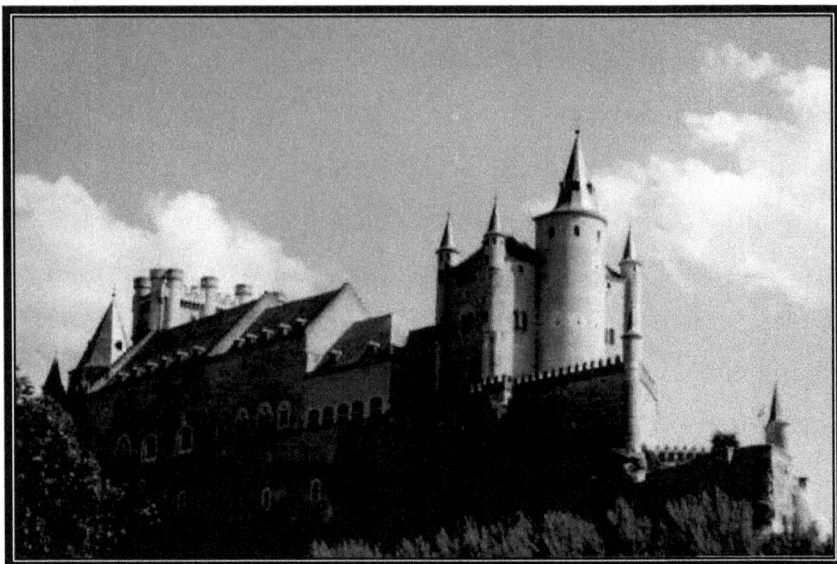

La torre sobre la entrada del Alcázar de Segovia se conoce como "Torre de Juan II". No se tiene documentación sobre su construcción. Foto Carmen Alicia Morales.

Durante la monarquía de Juan II se cultivan la historia y la crónica caballeresca, entre ellas la Crónica de Pero Niño [239]. En historia se destacó la Crónica de Álvaro de Luna (anónimo) y la Crónica de Juan II, de Fernán Pérez de Guzmán. En el género de la prosa satírica se destaca el autor Alfonso Martínez de Toledo, Arcipreste de Talavera (1398-1468) con su libro El Corbacho o Reprobación del amor mundano (1438). El guerrero, historiador,

---

[239] Pero Niño (1378-1453), I señor de Cigales y de Valverde, I conde de Buelna. Fue un militar, marino y corsario castellano que sirve al rey Enrique III, el Doliente (padre del rey Juan II de Castilla).

traductor, mosén Diego de Valera (1412-1488), sirvió en la corte como paje y doncel del rey; y se destaca por sus crónicas, escritos caballerescos y sus tratados de filosofía, en especial el de Providencia contra fortuna. Es por lo tanto, durante la administración de Juan II que se desarrollan una serie de poetas armados caballeros, guerreros cultos, literatos que cultivan la prosa y la poesía elocuentemente. Este patrocinio de las letras y el apoyo que brinda la corte de Juan II a caballeros y nobles es un modelo que se observa más tarde en la corte de sus hijos Enrique IV e Isabel de Castilla. En el caso de Isabel, durante su monarquía, la educación se extiende a sus damas, la creación de colegios y escuela de la corte.

Su guardia morisca

El rey mantuvo una guardia morisca entre las tropas que estaba compuesta de un grupo de caballeros musulmanes que, por diversas circunstancias se encontraban a la orden del rey. Estos caballeros, que más adelante se encuentran en la corte de su hijo, Enrique IV, estaban considerados como una élite, cercanos al centro del poder de la corte y contaban con cierto grado de influencia.

Esta división de la guardia existe en ambas monarquías, Juan II y Enrique IV, y funcionaban en tanto se había detenido la guerra con Granada. Esta guardia a pesar de que se presenta como un elemento peculiar del ejército de estas monarquías, no obstante, era común a la caballería de los ejércitos bajomedievales [240].

---

[240] Contamine, Phillipe. La guerra en la Edad Media. Barcelona: Editorial Labor, 1984, p. 162-175.

La primera mención de esta guardia que aparece en la corte de Juan II fue entre 1408 y 1410. Al bautizarse, a estos guardias, se les adjudicaba cuatro mil trescientos veinte maravedíes de ración, y a algunos de ellos se les hacía entrega de varias varas de tela. En principio, solo se menciona la conversión como motivo para el pago, pero enseguida se les atribuye el oficio de "caballero morisco", por lo que cobraban un salario en forma de ración. Y de ahí el nombre de "raciones moriscas" que reciben los documentos dentro de la administración de la corte de Juan II [241].

Problemas políticos

El rey sufrió constantes enfrentamientos con su hijo y con los que le seguían, entre ellos se "...encuentra Juan Pacheco, que de ser paje de Álvaro de Luna, pasó a servidor del heredero de la Corona" [242]. Fue tanta la presión que ejerció su hijo sobre su trono que en las capitulaciones asentadas entre el Príncipe y Pedro Sarmiento (repostero del rey y miembro del Consejo Real) en 1449, D. Enrique consiguió todo lo que el Rey no había querido conceder hasta este momento: "...mantenimiento de la tenencia del Alcázar y de la alcaldía mayor (Segovia), confirmación de todo lo que había robado, impunidad por sus graves delitos, expulsión

---

[241] Suárez Fernández, Luis. Un libro de asientos de Juan II, En: Hispania: Revista española de historia, no. LXVIII, Madrid, 1957, p. 324.

[242] Porrás Arboleda, Op. cit., p. 44.

de sus enemigos de la ciudad, despojo de los conversos y control de los oficios concejiles" [243].

Muerte y enterramiento

El 22 de abril de 1451, en medio de presiones políticas y económicas para la monarquía nació en Madrigal de las Altas Torres la primera hija de Juan II e Isabel de Portugal. Más adelante, a comienzos de marzo de 1454, el rey se sentía débil y fatigado, la corte se mudó a Ávila, el Rey se trasladó a Medina del Campo y de ahí a Valladolid a visitar a la Reina y disfrutar del nacimiento de su hijo D. Alfonso. En Valladolid se empeoró y murió el 21 de julio de 1454. En su testamento el Rey le dejó a la Reina "...la ciudad de Segovia y las villas de Arévalo y Madrigal;...la Infanta Isabel recibía la villa de Cuéllar y una gran suma de oro para su dote" [244]. Alfonso, su hijo menor, heredó "...la administración del maestrazgo de Santiago... título que había tenido Álvaro de Luna hasta su muerte" [245]. Enrique IV heredó el trono de Castilla y fue proclamado rey el 23 de julio de 1454 en el Monasterio de San Pablo en Valladolid.

El rey Juan II buscó el auxilio espiritual de los cartujos de Miraflores para realizar su tumba en Burgos [246]. Isabel visitó varias veces la construcción de la sepultura de La Cartuja: en 1483 la vi-

---

[243] Porrás Arboledas, Op. cit., p. 275.

[244] Ibídem, 296.

[245] De Palencia, Op. cit., 1973, p. 54.

[246] Guiance, Ariel. Los discursos sobre la muerte en la Castilla Medieval (Siglos XIV-XV), Valladolid: Junta de Castilla y León, 1998, p. 314.

sitó para ver la culminación del sepulcro de su padre y en 1496 "pudo ver el sepulcro completamente terminado. Tal vez ningún otro monumento de su reinado fue tan cuidadosamente supervisado por la reina como la tumba de su padre" [247]. Las esculturas muestran inequívocamente su estado de tranquilidad y sosiego, se encuentran en posición horizontal con abultados cojines sobre los que apoyan sus cabezas. Las figuras del rey Juan II y de Isabel de Portugal "...se encuentran ligeramente vencidas hacia un lado lo que permite a la reina proceder reposadamente a su lectura" [248]. Estos cuerpos siguen la cristalización de un modelo del siglo XIII en el cual los muertos yacen como si estuvieran realmente vivos [249]. Y así posiblemente quería Isabel mantener a sus padres simbólicamente, como si estuvieran vivos.

---

[247] Pereda, Felipe. "El cuerpo muerto del rey Juan II, Gil de Siloé, y la imaginación escatológica (Observaciones sobre el lenguaje en la escultura en la alta Edad Moderna)". Anuario del Departamento de Historia y Teoría del Arte (U.A.M.). Vol. XIII. Madrid, 2001, p. 54.

[248] Ibídem, p. 58.

[249] Ibídem.

ENRIQUE IV DE CASTILLA

El rey Enrique IV (1425-1474), el medio hermano de Isabel de Castilla, nació en Valladolid. Era el hijo de doña María de Aragón y el rey Juan II de Castilla y el heredero de la corona de Castilla. Cuando tenía cuatro años, en 1429, Juan II envió su hijo a ser criado en Segovia "En tanto que los bollicios en el Reyno duraban" y lo acomodó bajo la tutela de fray Lope de Barrientos [250]. Vivió con la corte itinerante de su padre hasta que en 1440 se casó en Valladolid con la infanta Blanca de Navarra.

Rey Enrique IV de Castilla.
Foto Wikipedia.org.

Su matrimonio

Debido a que se sospechaba que a Enrique IV le gustaban poco las mujeres, la reina doña María fue aconsejada para que procurara el casamiento de su hijo, como un mecanismo más para asegurarse de que, en su momento, heredaría el trono de Castilla. Fue por lo tanto prudente:

"... persuadir a la Reina que aconsejase a su esposo el matrimonio de D. Enrique con Da. Blanca, hija del rey de Navarra, pro-

---

[250] Carrillo de Huete, Op. cit., p. 475.

yecto a que, por su misma moralidad, asintió el Rey, que quiso así cerciorarse de si el Príncipe era apto para el matrimonio, pues desde su niñez había manifestado señales de futura impotencia, confirmada luego por los médicos" [251].

Cenotafio de la reina María de Aragón al lado del Altar Mayor, presbiterio de la Basílica de Guadalupe. Cáceres, opuesta a la de su hijo, el rey Enrique IV. Foto cortesía de la Biblioteca-Archivo del Real Monasterio de Santa María de Guadalupe, Cáceres.

La reina doña Blanca de Navarra (madre de la novia) inmediatamente:

---

[251] De Palencia, Op. cit., 1973, p. 10.

"se dispuso a llegar a Valladolid...con extraordinario aparato, con los legados y brillante y numeroso séquito, emprendieron la marcha muy despacio...cuanto porque la Reina, extremadamente obesa, caminaba con lentitud suma y gustaba de detenerse mucho en las villas que la ofrecían públicos festejos...Por fin, a principios de septiembre de 1440 llegaron a Valladolid, de donde salieron a recibirlas los reyes de Castilla y de Navarra con el maestre D. Enrique y los demás nobles". [252]

Al llegar a Valladolid la boda se celebró entre "justas, torneos, espectáculos y nuevos juegos, con otros muchos regocijos, pero en realidad ocurrió que vino a faltar la parte más importante del acontecimiento matrimonial ...en que sólo faltó el verdadero gozo del matrimonio, porque después la Princesa quedó tal cual naciera" [253].

D. Enrique, seguramente para complacer a su madre y por verse comprometido como príncipe castellano heredero a aceptar los mandatos o designios de su padre, el rey, había participado a los diez y seis años en una:

"farsa de matrimonio, y si bien durante algún tiempo no despreció abiertamente a su esposa, y aun pareció tener en algo el afecto del suegro, sin embargo mientras ella se esforzaba por agradarle y ganar su cariño, él hubiera deseado que otro cualquiera atentase al honor conyugal para conseguir, a ser posible, por su instigación y con su consentimiento ajena prole que asegurase la sucesión al trono..." [254].

---

[252] Ibídem.

[253] Ibídem.

[254] Ibídem, p. 12.

Cenotafio del rey Enrique IV de Castilla al lado del Altar Mayor, en actitud orante; escultor Giraldo de Merlo; presbiterio de la Basílica de Guadalupe. Foto cortesía de la Biblioteca-Archivo del Real Monasterio de Santa María de Guadalupe, Cáceres

No transcurrió mucho tiempo cuando "Empezaron, por último, a circular atrevidos cantares y coplas palaciegas, ridiculizando la frustrada consumación del matrimonio y aludiendo a la facilidad que D. Enrique encontraba en sus impúdicas relaciones con sus cómplices" [255]. Era obvio que el príncipe disfrutaba de la compañía y la amistad de hombres de la corte que no estaban a su nivel social y es por esto que es criticado, en especial por el cronista De Palencia

La ciudad de Segovia

En este mismo año de 1440, como parte de la política de desarrollo de independencia de su hijo, el rey Juan II le donó una serie de ciudades castellanas, entre ellas Segovia. De ahí nace el amor de Enrique IV por la ciudad de Segovia, sus constantes visitas y su dedicación al embellecimiento de sus residencias palaciegas. El 5 de septiembre de 1440, "...con la ceremonia de un besamanos, se puso fin a la autonomía de una de las más importantes comunidades de la Extremadura castellana" [256]. No solamente se interesó por la belleza de la ciudad; en 1455 inauguró una nueva fábrica de moneda, ubicada dentro del recinto amurallado de la ciudad de Segovia. Se encontraba al lado de la fortaleza del Conde de Chichón, quién se convirtió en tesorero perpetuo de la Ceca [257]. Esta

---

[255] Ibídem, p. 10.

[256] Echagüe Burgos, Jorge Javier. La Corona y Segovia en tiempos de Enrique IV (1440-1474). Segovia: Diputación Provincial de Segovia, 1993, p. 49.

[257] Murray Fantom, Glen Stephen. Historia del Real Ingenio de la Moneda de Segovia y el proyecto para su rehabilitación. Segovia: Fundación Real Ingenio de la Moneda de Segovia, 2006, p. 15.

fábrica establece la aparición de una nueva marca de ceca, con un pequeño acueducto de Segovia, símbolo que se utilizará en la moneda española durante cuatro siglos. Los Reyes Católicos también acuñaron cantidades de vellón, plata y oro en Segovia. Debido a que durante la administración de Enrique IV la falta de control monetario llegó a ser caótica, los Reyes decidieron limitar los reales ingenios a siete y se encontaban en: Segovia, Burgos, La Coruña, Cuenca, Toledo, Granada y Sevilla [258].

Propulsor de órdenes religiosas

Enrique IV fue el propulsor del mantenimiento residencial de varias órdenes religiosas en Segovia, entre ellas los franciscanos. En el año de 1455 los franciscanos observantes apelaron al rey, a raíz de la división interna de los monjes de clausura y los observantes. Fray Alonso de Espina, el confesor de Enrique IV, le pidió que interfiriera en la problemática interna de la orden y el rey fundó, bajo la advocación de San Antonio de Padua, el monasterio de San Antonio el Real. Se encontraba junto a la zona conocida como el Campillo, zona entre el río Clamores y la cacera del Acueducto, justo a la entrada de la ciudad [259]. El convento tenía que ser sencillo y a la misma vez decoroso y por esta razón:

"... se opta por construir la fábrica de mampostería con verdugadas de ladrillo, en vez de sillares; los techos cubiertos de madera, en vez de abovedados y el suelo a base de guijarros-

---

[258] Ibídem.

[259] López Díez, Op. cit., p. 183.

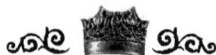

emborrillado- y hueso. Si bien, la pobreza de materiales se ve compensada por los estucos y enfoscados de los muros, con los vistosos alfarjes que cubren las zonas principales o el diseño de las pequeñas piedras del suelo" [260].

Durante la monarquía de Isabel de Castilla los hermanos observantes permanecieron en este monasterio hasta que la reina obtuvo su reintegración al convento de San Francisco. Los monjes de San Antonio recibieron una invitación "...de los cartujos de El Paular por la que estos parecían dispuestos a comprarles el convento, lo que ratifica que el abandono no fue solamente una decisión de la reina, sino también de la orden" [261]. Las clarisas que se encontraban en el convento de la plaza necesitaban un lugar nuevo que tuviera más tranquilidad, las monjas de Santa Clara la Nueva y más tarde las de Santa Clara la Vieja, al desocuparse el convento de los franciscanos, pasaron a San Antonio el Real [262].

Patrocinio de la arquitectura

En Segovia todavía podemos observar la promoción del arte mudéjar que Enrique IV estimuló debido a que patrocinó albañiles, en especial a Benjamín de Tudela y a Xadel Alcalde para que realizaran los esculpidos del Palacio de San Martín en 1456, mientras trabajaban en la Sala del Pabellón de la fortaleza [263]. En el Pa-

---

[260] Ibídem, p. 184.

[261] Ibídem, p. 184-185.

[262] Este convento se vende al cabildo en 1511 y en su lugar se construye lo que es hoy día la Catedral de Segovia.

[263] Mosácula María, Op. cit., p. 16.

lacio de la Reina Juana, en Segovia, todavía se encuentran algunos ejemplos del arte mudéjar en los arcos de puertas, ventanas y techos debido al apoyo que Enrique IV brindó a estas expresiones artísticas plasmadas en las residencias palaciegas. La casa tenía delicados arcos ojivales cuyo adorno de yeserías es de traza mudéjar que habían sido mandados a hacer por el rey.

Panorámica de la ciudad de Segovia. Foto Carmen Alicia Morales.

A pesar de que la estructura se encuentra en completo abandono, aún se conservan dos de ellos en los cuales se puede ver las armas de Enrique IV con granadas. En el zaguán todavía se puede ver el típico esgrafiado segoviano y el piso emboriado, y existe, además, en esta área, una ventana y una puerta en las cuales to-

davía quedan restos de traza mudéjar y techos pintados que muestran la heráldica enriqueña [264]. La entrada original se ha cambiado, pero por dentro, en los aposentos de este conjunto residencial, no cabe la menor duda de que, "Predominaba el estilo mudéjar en la decoración de los interiores. Los restos de yeserías mudéjares que adornan las dos puertas interiores conservadas en el patio de la "Casa de la Reina", coinciden en líneas generales con las de la portada del llamado Dormitorio del Rey que se encuentra en el Alcázar segoviano" [265]. El patrocinio de Enrique IV de todo lo morisco se manifiesta a través de toda su monarquía, no obstante, los ejemplos de este arte predominan en la ciudad de Segovia y son obvios debido a su amor por la misma, a sus constantes visitas y a sus estadías.

Sobre los problemas políticos

A pesar de la política dadivosa del rey Juan II hacia su hijo, es durante estos años entre 1440 y 1441 cuando Enrique IV se convierte en parte de una rebelión política contra su padre. Es de notar que ya en los días de D. Juan II "...anduvieron revueltas con sus propios hechos varias maldades del príncipe D. Enrique. Así hay confusa noticia de las muchas dudas de las gentes acerca de la legitimidad del Príncipe, y de susurrarse no ser hijo de D. Juan II" [266]. No obstante, el rey Juan II honra en su testamento como he-

---

[264] Ibídem.

[265] Domínguez Casas, Op. cit., p. 133.

[266] De Palencia, Op. cit., 1973, p. 9.

redero del trono de Castilla a su hijo Enrique IV. Al morir Juan II el 22 de julio de 1454 Enrique IV es proclamado rey en el convento de los dominicos de San Pablo de Valladolid, contaba con 29 años.

Enrique IV obtuvo la nulidad de su matrimonio con Blanca de Navarra y se casó en 1455 en segundas nupcias con su prima, la infanta Juana de Portugal, la hermana de Alfonso V de Portugal. En 1462 nació su hija Juana de Castilla y en 1464 cuando aumentan los rumores sobre la ilegitimidad de la niña sus hermanastros se convierten en un problema serio para el rey porque la liga nobiliaria exige la custodia de los infantes. El rey acepta relegar de la sucesión a su hija en beneficio de su hermano Alfonso. Es en este año cuando se produce la "gran sublevación nobiliaria que nombra rey al hermano de Enrique IV, el infante don Alfonso, y la nobleza castellana queda dividida en dos grandes grupos. En 1465 se inician las hostilidades entre don Enrique y la liga nobiliaria rebelde encabezada por Juan Pacheco, don Pedro Girón y el arzobispo Carrillo" [267]. En 1468, a raíz de la súbita muerte de don Alfonso (hermano de Isabel), Isabel llega a un acuerdo amistoso con su hermano don Enrique IV, que supone que el rey reconoce a su hermana como su heredera. En ese momento el reino castellano

---

[267] Del Val Valdivieso, María Isabel, "La idea de <<Príncipe>> en Castilla (A partir de la obra histórica de Alonso de Palencia)", La Península Ibérica en la Era de los Descubrimientos (1391-1492), Actas III Jornadas Hispano-Portuguesas de Historia Medieval, Sevilla: Universidad de Sevilla, 1991, Tomo I, p. 660.

se encuentra dividido en tres bandos nobiliarios: el de Pacheco, el de Carrillo y el de los Mendoza[268].

Sobre la política de Enrique IV, el profesor Suárez Fernández afirma que su reinado fue "...una mezcla de confusión y debilidades, en las que corresponde al monarca un papel muy principal..." debido a que no supo manejar su monarquía[269]. Él quiso establecer la paz entre la monarquía y los nobles, relación que ya vislumbraba problemas durante la administración de su padre. A pesar de que perdonó a los nobles y trató de lidiar con las diferencias políticas, entregándoles tierras y bienes, los levantamientos fueron constantes y dividen el poder de la monarquía. La profesora Del Val Valdivieso afirma que el problema principal en la monarquía de Enrique IV era que existían "... dos grupos nobiliarios en Castilla que ostentan distintos ideales con respecto a la monarquía, sin embargo, ambos tienen aspectos comunes entre sí, tales como su deseo de poder político y su ambición de medro personal y, en último término, familiar"[270]. Es finalmente durante su reinado que la nobleza es capaz de oponerse al rey. El problema menor que lo asediaba era el problema de quién iba a heredar el trono, y es esa la razón que utiliza la nobleza para oponerse al rey. Como resultado:

---

[268] Del Val Valdivieso, María Isabel. Los bandos nobiliarios durante el reinado de Enrique IV, En: Hispania, Madrid: Instituto Jerónimo Zurita, 1974. p. 268.

[269] Suárez Fernández, Op. cit., 1997, p. 26.

[270] Del Val Valdivieso, Op. cit., 1974, p. 256.

"...la nobleza aspira a una reforma constitucional de la Monarquía, que queda plasmada en un documento conocido como sentencia arbitral de Medina del Campo...un enfrentamiento entre dos concepciones del poder. Pues los partidarios de don Álvaro, cuya viuda vivía en casa de los Mendoza, habían defendido un fortalecimiento de la potestad regia, y ahora la Liga, que contaba con el apoyo a distancia de Juan II de Aragón... proponía una colegiación del poder entre rey y Consejo, para salvaguardar las libertades del reino"[271].

Su guardia morisca

El cronista Palencia critica negativamente las costumbres inaceptables de Enrique IV. Se refiere a que la sociedad no las acepta debido a que se encontraba rodeado de lo que él llamaba "...hombres rudos y feroces que mientras él se encerraba allí con algunos malvados"[272]. Estos hombres que describe Palencia son parte de la guardia morisca de Enrique IV que hereda de la regencia de su padre. A partir del segundo cuarto de siglo existe la incorporación de caballeros cuya procedencia se hace hereditaria en los puestos de la fuerza morisca. Evidencia de ello es un cuerpo de guardia más estable. Los caballeros proceden de ciudades del realengo o de lugares con pretensiones de serlo. En 1456, en la corte del rey Enrique IV, aparece el caballero García Ramírez de

---

[271] Suárez Fernández, Op. cit., 1997. p. 27.

[272] De Palencia, Op.cit., 1973, p. 11.

Jain, al frente de trescientos caballeros moriscos durante la campaña de Granada. Se murmuraba que este caballero gozaba de favores del rey [273].

En cuanto a su carácter Palencia asegura que su "...adusto carácter le hizo huir del concurso de las gentes. Enamorado de lo tenebroso de las selvas, solo en las mas espesas buscó el descanso..." y se rodeó de fieras [274]. A pesar de que el cronista critica al rey por rodearse de osos, leones y otros animales salvajes, es el caso que en la corte de Isabel de Castilla también la reina disfrutaba de tener animales salvajes.

Enrique IV murió en Madrid el 12 de diciembre de 1474, el cadáver fue llevado sobre unas tablas viejas sin pompa ni ceremonia, el cardenal Mendoza ofició en el funeral [275]. Yace enterrado en el panteón del Real del Monasterio de Guadalupe, en la provincia de Cáceres junto a su madre, la reina María de Aragón [276].

---

[273] Echevarría Arsuaga, Ana. Caballeros en la frontera: la guardia morisca de los reyes de Castilla (1410-1467), Madrid: Universidad Nacional de Educación a Distancia, 2006.

[274] De Palencia, 1973, p. 11.

[275] Suárez Fernández, Op. cit., 2001, p. 528.

[276] García, Sebastián. Monasterio de Guadalupe, centro de fe y de cultura. Madrid: Guadalupe, 1993, p. 40. Se encuentran además, enterrados en este monasterio, el rey Dionisio de Portugal (1354-1397), hijo del rey Pedro I de Portugal e Inés de Castro y su esposa, Juana Enríquez de Castilla, la hija natural del rey Enrique II de Castilla y Juana Cifuentes. En este monasterio los Reyes Católicos y Cristóbal Colón tuvieron dos reuniones en 1486 y 1489.

Sepultura del príncipe Alfonso de Castilla en actitud orante, Cartuja de Miraflores, Burgos; escultor maestre Gil de Siloé 1493. Foto Wikipedia.org.

Alfonso de Ávila

El hermano menor de Isabel, **Alfonso de Ávila (1453-1468)**, nació en Tordesillas el 15 de noviembre de 1453. Su padre, el rey Juan II, lo nombra en su testamento administrador de la Orden de Santiago hasta que cumpliera los catorce años y a esa edad sería el maestre de la orden. El también dispuso en su testamento que Alfonso fuese el condestable de Castilla de por vida y que hasta los catorce años la condestablía fuera administrada por Ruy Díaz de Mendoza[277]. Por heredad su padre le dio el señorío de la ciudad de Huete, las villas de Escalona, Maqueda, Portillo y Sepúlveda y si moría su madre heredaría Arévalo y Soria. Su educación fue dirigida por el comendador de Montiel, don Gonzalo Chacón y su esposa, una dama de la cámara de la reina.

Su infancia

Los primeros años de su vida permaneció en Arévalo, tal y como lo había dispuesto el testamento de su padre, al cuidado de su madre, la reina Isabel de Portugal (su tutora y administradora). A partir de 1460 una liga de nobles compuesta por Pedro Girón (maestre de Calatrava, camarero mayor de los paños) y su hermano Juan Pacheco (mayordomo mayor y marqués de Villena) con la adhesión de Alfonso Carrillo "suscriben un documento exigiendo la guarda de los infantes"[278].

---

[277] Morales Muñíz, María del Carmen. Alfonso de Ávila, Rey de Castilla, 1Excma. Diputación Provincial de Ávila, Ávila: Institución "Gran Duque de Alba", 1988, p. 17.

[278] Del Val Valdivieso, María Isabel. La herencia del trono: Isabel la Católica y la Política. Valladolid: Ed. Valdeón Baruque, Julio, Editorial Ámbito, 2001, p. 48.

El día 28 de septiembre de ese mismo año un manifiesto político de la nobleza contra el régimen de Enrique IV exigía, entre otras cosas, la libertad para los infantes, que según el documento, estaban presos y en peligro de muerte a fin de privarles de sucesión y la entrega del principado de Asturias como le correspondía al cumplir los siete años [279]. En este documento también se exigía el maestrazgo de Santiago para D. Alfonso, el cual le había sido otorgado por Enrique IV a su privado Beltrán de la Cueva. Finalmente, debido a la presión de la liga y los consejos de los nobles que le rodean, el rey D. Enrique entrega a D. Alfonso, debido a que el secretario Alvar Gómez, hombre en el cual él confiaba, le "aconsejó con gran interés la libertad del Príncipe..." [280].

El infante Alfonso había llegado a vivir a la casa de la reina Juana junto con su hermana Isabel, poco antes del nacimiento de la infanta Juana, la hija de Enrique IV y Juana de Portugal, en febrero de 1462. Ya en la primavera de 1464 el infante don Alfonso se convierte en "el símbolo de la opresión que el reino sufría por parte del monarca" [281]. El 16 de mayo se firma un documento entre el marqués de Villena, el arzobispo Carrillo y el maestre de Calatrava manifestando el descontento de parte de los nobles hacia el

---

[279] De Azcona, Op. cit., p. 92.

[280] De Palencia, Op. cit., 1973ª, p. 157. Mientras tanto, debido a que no existían hijos del rey Enrique IV y luego porque se sospechaba que la infanta Juana de Castilla no era su hija, el reino de Aragón tenía sus esperanzas puestas en un doble matrimonio entre Juana de Aragón y Alfonso de Ávila y Fernando de Aragón y la infanta Isabel de Castilla.

[281] Morales Muñíz, Op. cit., 1988, p. 24.

proceder del rey en relación a la situación de Alfonso e Isabel. En el mismo la Liga de nobles denunciaba: "la defensa del derecho a heredar por parte del infante Alfonso, aludiendo al testamento de su padre, con lo cual hay un primer argumento contra el proceder de Enrique IV que puede considerarse ilegal, y el ataque sistemático a Beltrán de la Cueva y para él se pide su alejamiento de la Corte..."[282].

Las negociaciones comenzaron el 25 de octubre de 1464, llevándose a cabo dos reuniones más, el 11 y el 30 de noviembre. Posiblemente se reunieron en Cabezón, aldea de Valladolid y estaban presentes Alvar Gómez, de Ciudad Real y su secretario Gonzalo de Saavedra, el marqués de Villena (tutor del infante don Alfonso), el conde de Plasencia y el de Alba Liste. Es importante saber que en estas negociaciones se acordó que: la tutoría de Alfonso pasaría al marqués de Villena; Alfonso sería jurado como primogénito heredero de los reinos; se casaría con doña Juana de Castilla; se entregarían al infante los territorios que le correspondían (Huete, Sepúlveda, Portillo, Máqueda); el Consejo del rey estaría formado por un grupo de nobles incluyendo al marqués de Villena; y por último, el maestrazgo de Santiago le sería entregado al infante[283].

---

[282] Ibídem, p. 26.

[283] Ibídem, p. 40.

La guerra civil

A pesar de que se estaba llevando a cabo una negociación en la cual Enrique IV entregaba el derecho de sucesión y la persona del infante Alfonso a la nobleza, la negociación no detiene la guerra civil. El primer alzamiento se desarrolla en Sevilla, en la fortaleza de Triana, durante el mes de septiembre. El 12 de noviembre, cuando contaba solamente con once años, entre el campo de Cabezón y Cigales, el rey Enrique IV entrega al infante Alfonso a los nobles. El 30 de noviembre de 1464 el infante don Alfonso es reconocido como príncipe de Castilla y León y el 4 de diciembre el rey acepta a su hermano como príncipe heredero. El documento presentado al rey el 30 de noviembre estaba dividido en dos asuntos y manifestaba, en una de las cláusulas más importantes, que el príncipe se casaría con la princesa Juana, que se le otorgase honor, casa y estado y la administración de la orden de caballería de Santiago y que se le entregasen las villas de Huete, Sepúlveda y Portillo; la segunda parte requería que la infanta Isabel quedara bajo la supervisión del conde de Plasencia, el marqués de Villena, Pedro de Velasco y el comendador Gonzalo de Saavedra. El 7 de diciembre Enrique IV volvía a ratificar las demandas del documento presentado por los nobles y Alfonso fue jurado en Cortes[284].

---

[284] Ibídem, p. 45.

En el mes de marzo de 1465, cuando el príncipe fue a visitar a su madre en la villa de Arévalo, la paz y armonía familiar se vio afectada porque mientras se encontraba en Arévalo la villa recibió un ataque de las fuerzas enriqueñas. Enrique IV convocó nuevas tropas y las apostó en los alrededores de Arévalo, "así para rechazar las salidas de los cercados como para que aprovechando alguna traición de los habitantes, tratarán de ocupar la villa"[285]. Su ataque no tuvo éxito porque dos caudillos defendieron la villa y atacaron los puestos de caballería de D. Enrique y "...en adelante ya no se atrevió la gente de D. Enrique a permanecer en la aldea..."[286]. Debido a que el marqués de Villena seguía y protegía al príncipe D. Alfonso, él:

"...marchó desde San Esteban de Gormaz a Ayllón, resuelto a ocupar la fuerte y bien reparada villa de Arévalo, que por el testamento de don Juan II poseía su viuda la reina doña Isabel; y tanto para adelantarse a D. Enrique, si por caso enviaba a tomarla, cuanto para evitar que, con pretexto de visitar a su madre que allí residía, la dejase guarnecida, puso por obra su intento en compañía del Príncipe, y saliéndoles cual deseaban, este pudo ver en marzo de 1465 a su madre, enferma desde la muerte de su marido"[287].

A pesar de este ataque, las fuerzas de la defensa del obispo de Burgos, Luís de Acuña y de Juan de Padilla, ayo del príncipe y

---

[285] De Palencia, Op. cit., 1973, p. 163.

[286] Ibídem, p. 163.

[287] Ibídem, p. 162.

adelantado de León lograron protegerla[288]. En el mes de abril se preparaba Enrique IV para posibles enfrentamientos contra los rebeldes porque el monarca tenía ya clara la posibilidad de que se estaba planeando un destronamiento y tenía que controlar la situación. Sus temores fueron confirmados cuando el 27 de abril el príncipe Alfonso fue jurado rey en un acto de proclamación y juramento dirigido por Pedro Girón en la plaza del mercado de Úbeda[289].

Atrio del Convento de Santa Clara, Tordesillas, Provincia de Valladolid. Lugar de nacimiento de Alfonso de Castilla. "Atrio de las Claras" por José-Manuel Benito, Wikimedia.org.

---

[288] Ibídem, 91.

[289] De Palencia, Op. cit., 1973, p. 167.

Ya para mayo de 1465, cuando el príncipe D. Alfonso tuvo noticia de las revueltas de Salamanca, siguiendo el consejo de los Grandes que dirigían sus acciones y su vida, protagonizó una serie de acciones que le condujeron a Ávila donde fue proclamado rey. De acuerdo con la crónica D. Alfonso:

"… subió al solio el príncipe don Alfonso, y se revistió de aquellas insignias con aplauso de la muchedumbre que entre el estruendo de los clarines le aclamó por Rey y le prestó acatamiento. Ocurrió este suceso el 5 de junio del año de 1465; contando el rey D. Alfonso once años, cinco meses y 25 días, y cuando se habían cumplido diez años, once meses y cuatro días del funesto reinado de D. Enrique"[290].

La noticia de la exaltación a la Corona de don Alfonso "arrastró principalmente a todos los pueblos de Castilla y de León a levantamientos y nuevas perturbaciones…el 15 del mismo junio, diez días después del destronamiento, la ciudad aclamó con inmenso aplauso a don Alfonso, al mismo tiempo que prorrumpía en denuestos contra D. Enrique[291]. El 5 de junio de 1465 cerca de los muros de Ávila los rebeldes construyeron un cadalso alto y sobre el mismo se colocó una estatua del rey Enrique IV y se llevó a cabo un acto simbólico de deposición del rey Enrique IV. Los Grandes subieron al cadalso y "…ante la estatua que pretendía emular a Enrique IV dieron lectura primero a las súplicas que durante los

---

[290] Ibídem, p. 168.

[291] Ibídem, p. 169.

últimos meses se le habían ido haciendo para seguir inmediatamente al capítulo de acusaciones...al tiempo que se le hacía una acusación concreta el muñeco era despojado de su atributo de realeza"[292].

En esta forma se intensifican años de guerra y turbación política. Desde un principio Isabel se identifica con la confederación alfonsina apoyando a su hermano Alfonso. De esta forma protege y apoya sus intereses creados alrededor de la sucesión monárquica de su hermano Alfonso y su propia legitimidad sucesoria al trono. La infanta se une a las tropas rebeldes en 1467, aprovechando la entrada en Segovia, se pasó al bando de Alfonso. Ese mismo año Isabel y Alfonso pasan a Arévalo a visitar a su madre y "allí residen los últimos meses del 1467 y los primeros de 1468"[293]. Es durante estos meses, mientras se encontraba con su hermana, que él le regala la villa de Medina del Campo. Cuando se encontraba a dos leguas de Ávila, al detenerse a descansar en el Camino desde Arévalo, se enfermó de tal forma que tuvieron que llamar al médico que decide hacerle una dolorosa sangría debajo de la axila derecha. Isabel se encontraba con él, todo fue en vano, el 5 de julio de 1468, a los catorce años de edad, muere en Cardeñosa[294]. La

---

[292] Morales Muñíz, Op. cit., p. 110.

[293] De Azcona, Op. cit., 1964, p. 112.

[294] Durante el periodo medieval "...los niños se criaban unos a otros" de acuerdo con el profesor Heywood, los niños mayores cuidaban de los menores y servían de madres/padres cuando estaban ausentes. Colin Heywood, Mass., Blackwell Pub. Inc., 2004, p. 88. Este era el caso de Isabel con su hermano Alfonso, a pesar de que no existía mucha diferencia de edad

peste sigue afectando el área en que se encontraban y la infanta Isabel es trasladada al Real Monasterio Cisterciense de Santa Ana en la ciudad de Ávila, al extremo de los arrabales, para protegerla detrás de sus murallas.

Don Alfonso fue enterrado en el convento de San Francisco en Arévalo hasta que es transferido al mausoleo de la Cartuja de Miraflores donde estaban sepultados sus padres; el rey Juan II de Castilla y la reina Isabel de Portugal.

Hasta aquí el relato, a manera de reconocimiento de los logros y acontecimientos vividos por las figuras familiares portuguesas y castellanas que preceden o rodean el nacimiento y la niñez de la reina Isabel la Católica. Este marco familiar facilita reconocer, durante su vida monárquica, el valor intrínseco de su herencia sociocultural familiar tanto maternal como paternal.

---

entre ellos, ella debe de haberlo cuidado constantemente debido a que él era menor y se esperaba que l//os mayores cuidaran a los menores.

BiBLiOGRAFÍA

Fuentes impresas

http:// *Atlas histórico Marín*. Editorial Marín, Barcelona, 1997.

www7.uc.cl/sw_educ/historia/expansion/Interfaz/fotos/f24011.jpeg

http://portalacademico.cch.unam.mx/materiales/prof/matdidac/sitpro/hist/univ/univ1/HMCl/IberiaXV.jpg

CARRILLO DE HUETE, PEDRO. *Crónica del Halconero de Juan II*. Edición y estudio de Juan de Mata Carriazo. Madrid, Espasa Calpe, 1946.

Colección de documentos inéditos para la historia de España. Ed. D. Miguel Salva y D. Pedro Sainz de Baranda, Imprenta de la viuda de Calero, Madrid, 1848, pp. 470-477

Colección diplomática de Enrique IV. Memorias de don Enrique IV de Castilla (1835-1913), Madrid, Real Academia de la Historia, 1913.

Crónica de don Álvaro de Luna: Condestable de Castilla, Maestre de Santiago. Edición de Juan de Mata Carriazo y Arroquía, Colección de Crónicas Españolas, Madrid, Espasa Calpe, 1940.

Cuentas de Gonzalo de Baeza: tesorero de Isabel la Católica. Tomo I: 1492-1504, Ed. Antonio de la Torre, Madrid, Consejo Superior de Investigaciones Científicas, 1955.

Cuentas de Gonzalo de Baeza: tesorero de Isabel la Católica. Tomo II: 1492-1504, Ed. Antonio de la Torre, Madrid, Consejo Superior de Investigaciones Científicas, 1956.

DEL PULGAR, FERNANDO. *Crónica de los Reyes Católicos.* Edición de Juan de Mata Carriazo,Vol. I, II, Madrid, Espasa-Calpe, 1943.

DE PALENCIA, ALONSO. *Crónica de Enrique IV*. Década I, Madrid, Biblioteca de autoresespañoles, 1973.

Crónica de Enrique IV. Década II, Libro 2, Capítulo IV, Trad. A. Paz y Meliá, Madrid, Biblioteca de Autores Españoles, 1975.

Crónica de Enrique IV. Década III, Trad. A. Paz y Meliá, Madrid, Biblioteca de autores españoles, 1975.

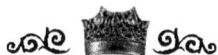

DE PINA, RUI. *Chrónica de-el Rey D. Affonso V.* (Vol. II), June 23, 2007, EBook #21911.

DE VALERA, DIEGO. *Crónica de los Reyes Católicos.* Edición y estudio de Juan de Mata Carriazo, Colección Anejos de la "Revista de Filología Española", 8, Madrid, José Molina, 1927.

El gran diccionario histórico o *Miscelánea curiosa de la Historia Sagrada y Profana.* Traducido del francés por Luis Moreri, Tomo octavo, Primera Parte, Paris, 1753.

ENRÍQUEZ DEL CASTILLO, DIEGO. *Crónica de Enrique IV.* Ed. Aureliano Sánchez Martín, Valladolid, Universidad de Valladolid, 1994.

Bibliografía general

BAQUERO MORENO, ALBERTO. "Batalha de Alfarrobeira: antecedentes y significado histórico". Biblioteca General da Universidade de Coimbra, 1979, pp. 1-168.

BENSAÚDE, JOAQUIM. *A cruzada do Infante D. Henrique.* Lisboa, 1942.

BERNIS MADRAZO, CARMEN. *Indumentaria Medieval Española.* Madrid, Instituto Diego Velázquez, 1955.

BERTHIAUME, MARK, DAVID, HÉLENE, SAUCIER, JEAN-FRANÇOIS, BORGEAT, FRANÇOIS. "Correlates of pre-partum depressive symptomatology: A multivariate analysis". *Journal of Reproductive and Infant Psychology.* Num.16, 1998, pp. 45-96.

BOORSTIN, DAVID. *The Discoverers.* New York, Harry N. Abrams, 1991.

CAETANO DE SOUSA, ANTONIO. *História Genealógica da casa real portuguesa.* Tomo II, Coimbra, Atlãntida, Livraria Editora, L.da, M. CM. XLVI, 1735.

CAVIRO Y MARTÍNEZ, BALBINA. *Las casas principales de los Silva en Toledo.* Madrid, Real Academia Matritense de Heráldica y Gealogía, 1998.

CARDERERA Y SOLANO, VALENTÍN. Fundación Lázaro Galdiano, Madrid, 2014. http://catalogomuseo.flg.es/comunidad/museoflg/recurso/patio-del-palacio-de-la-reina-doa-juana-palacio-re/1cdf27af-da29-4393-b1fe-bf0a7fad26b7

CHANTALL, SUZANNE. *Historia de Portugal*. Trad. M. L. MORALES, Barcelona, Surco, 1960.

CHESLER, PHYLLIS. *Women and madness*. New York, Harcourt Brace Hovanovich, 1989.

CONDON, JOHN T. & CORKINDALE, CHARLES J. "The correlates of antenatal attachment inpregnant women". *British Journal of Medical Psychology*, Num. 70, 1997, pp. 359-372.

CONTAMINE, PHILLIPE. *La guerra en la Edad Media*. Barcelona, Labor, 1984.

CUADRA, CRISTINA, GRAÑA, MARÍA DEL MAR, MUÑOZ, ANTONIA, & SEGURA GRAIÑO, CRISTINA. "Notas a la educación de las mujeres". Las sabias mujeres: educación, saber y autoría (siglos III-XVII), Madrid, Asociación Cultural Al Mudayna, Colección LAYA, No. 13, 1994, pp. 33-50.

DE AZCONA, TARSICIO. *Isabel la Católica: estudio crítico de su vida y su reinado*. Madrid, Biblioteca de Autores Cristianos, 1993.

DE CÁCERES, MERINO. "El palacio real de Segovia, un monumento que desaparece". *El Adelantado de Segovia,* jueves 13 de julio de 2000, Segovia, 2000.

DEL RIO, ÁNGEL. *Historia de la Literatura Española*. Vol. I., New York, Holt, Rinehart and Winston, 1961.

DEL VAL VALDIVIESO, MARÍA ISABEL. *Isabel la Católica, Princesa (1468-1474)*. Valladolid: Instituto "Isabel la Católica" de Historia Eclesiástica. 1974ª.

"Resistencia al dominio señorial durante los últimos años del reinado de Enrique IV". Hispania. Tomo XXXIV, 1974b. pp. 54 – 109.

"Los bandos nobiliarios durante el reinado de Enrique IV". Hispania. Madrid, Instituto «Jerónimo Zurita», 1974c, pp. 251 – 293.

"La idea de <<Príncipe>> en Castilla (A partir de la obra histórica de Alonso de Palencia)". La Península Ibérica en la Era de los Descubrimientos (1391-1492),Tomo I, Actas III Jornadas Hispano-Portuguesas de Historia Medieval, Sevilla, Sevilla, Universidad de Sevilla, 1991, pp. 659-688.

"La herencia del trono". Isabel la Católica y la Política. Ed. Julio Valdeón Baruque. Valladolid, Editorial Ámbito, 2001, pp. 15-49.

DEMAUSE, LLOYD. "The Evolution of Childbearing", Chapter 8, *The Emotional Life of Nations*. http://www.psychohistory.com/htm/eln_08_childbearing.htlm, 2002.

DOMÍNGUEZ CASAS, RAFAEL. Arte y etiqueta de los Reyes Católicos, Artistas, Residencias, Jardines y Bosques. Madrid, Alpuerto, 1993.

DUQUE, JOSÉ FÉLIX. Doña Beatriz da Silva: una vida, una obra. Lisboa, 2008.

ECHAGÜE BURGOS, JORGE JAVIER. *La Corona y Segovia en tiempos de Enrique IV (1440   1474)*. Segovia, Diputación Provincial de Segovia, 1993.

ECHEVARRÍA ARSUAGA, ANA. *Caballeros en la frontera: la guardia morisca de los reyes de Castilla (1410-1467)*. Madrid, Universidad Nacional de Educación a Distancia, 2006.

ECO, UMBERTO. *Historia de la fealdad*. Barcelona, Lumen, 2007.

ERIKSON, ERIK. Gandhi's truth: On the Origins of Militant Nonviolence. New York, W.W. Norton, 1969.

FRANCO SILVA, ALFONSO. Estudios sobre Don Beltrán de la Cueva y el Ducado de Albuquerque. Cáceres, Universidad de Extremadura, 2002.

FREUD, SIGMUND. *Inhibitions, symptoms and anxiety*. New York, W.W. Norton, 1959, p. 1223.

Identidad, juventud y crisis. Buenos Aires, Editorial Paidós, 1974.

GARCÍA HERRERO, MARÍA DEL CARMEN. "Elementos para una historia de la infancia y de la juventud a finales de la Edad Media". *La vida cotidiana en la Edad Media*. Actas de la VIII Semana de estudios medievales en Nájera. Logroño, IER. WEB: http://www.vallenajerilla.com/berceo/garciaherrero/infanciajuventud.htm, 1997.

GARCÍA, SEBASTIÁN. Monasterio de Guadalupe, centro de fe y de cultura. Madrid, Guadalupe, 1993.

GÓMEZ-MORENO, MANUEL. *Sobre el Renacimiento en Castilla*. Granada, Instituto Gómez Moreno de la Fundación Rodríguez Acosta, 1996.

GONZÁLEZ DE FAUVE, MARÍA ESTELA, DE FORTEZA, PATRICIA, DE LAS HERAS,

ISABEL J. "Espacios de poder femenino en la Castilla bajomedieval. El caso del linaje de los Castilla". *Cuadernos de historia de España*. V. 82, Versión: On-line ISBN 1850-2717, Buenos Aires, ene.dic. 2008.

GONZÁLEZ DURO, ENRIQUE. *Historia de la locura en España*. Tomo I, Siglos XIII al XVII. Historia de la España Sorprendente, Madrid, Temas de Hoy, 1994.

GUERRA SANCHO, RICARDO. El palacio de Juan II en Arévalo o Casas Reales de la villa de Arévalo. Inédito. Extracto en Actas V Congreso de Arqueología Medieval Española. V. 2. Valladolid, 1999.

OVIEDO, CARLOS, UNGRIA, RICARDO, DELGADO, PABLO, & DEL RIO, PEDRO. *Arévalo y su tierra. A la luz de ahora, con mirada de siglos*. Valladolid, IMCODAVILA, 1993.

DÍAZ DE LA TORRE, JORGE, CRESPO, JOSÉ, & CORTES, JOSÉ LUIS. "Palacio de Juan II en Arévalo". *Actas del V Congreso de Arqueología Medieval Española*. Valladolid 22-27 de marzo, 1999.

GUIANCE, ARIEL. Los discursos sobre la muerte en la Castilla Medieval (Siglos XIV-XV). Valladolid, Junta de Castilla y León, 1998.

HESS, ROBERT & HOLLOWAY, SUSAN. "Family and School as Education Institutions". Review of Child Development Research: Vol. 7, *The Family*, Chicago, University of Chicago Press, 1984, pp. 179-222.

HEYWOOD, COLIN. A History of Childhood: Children and Childhood in the West, From Medieval to Modern Times (Themes in History). Mass., Blackwell Pub. Inc., 2004.

JUNCEDA AVELLO, ENRIQUE. *Ginecología y vida íntima de las reinas de España*. Tomo I, II. Madrid, Temas de Hoy, 1991.

LADERO QUESADA, MIGUEL A., *Los mudéjares de Castilla en tiempo de Isabel I*. Valladolid, Instituto "Isabel la Católica, 1969.

LAUER, ROBERT. *Casa de Castilla (1252-1504)*. University of Oklahoma, Oklahoma, 2006. http://faculty-staff.ou.edu/L/A-Robert.R.Lauer1/SPAN4153GealGen3.html.

LLEWELLYN, ALEXIS M., STOWE, ZACHARY N., & NEMEROFF, CHARLES B. "Depression during pregnancy and the puerperium". *Journal of Clinical*

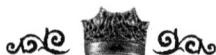

Psychiatry. 58, 1997, pp. 26-32.

LLORCA, BERNARDINO, & GARCÍA VILLOSLADA, RICARDO. *Historia de la Iglesia Católica: Edad Nueva.* Madrid, Biblioteca de Autores Cristianos, 1987.

LÓPEZ-DAVALILLO, JULIO. Atlas de historia contemporánea de España y Portugal. Madrid, Síntesis, 1999.

LÓPEZ DÍEZ, MARÍA. *Los Trastámara en Segovia. Juan Gúas, maestro de obras reales.* Obrasocial y cultural. Segovia, Caja Segovia, 2006.

MACHADO, DIEGO. "Afonso 8° Conde de Barcelos, fundador de la Casa de Bragança"(Conferencia), *Revista de Guimarães,* 73(3-4) Jun.-Dez., Portugal, 1963.

MARTÍN, AURELIO. "Los desnudos muros del palacio de Enrique IV", El país. Cultura, 6 de noviembre de 2014, Segovia. http://cultura.elpais.com/cultura/2014/10/31/actualidad/1414761842_884238.html

MARTÍN, JOSÉ LUIS. Enrique IV de Castilla: Rey de Navarra, Príncipe de Cataluña, Editorial Nerea, Hondarribia, 2003.

MARTÍN GAMERO, ANTONIO. Historia de la ciudad de Toledo, sus claros varones y monumentos, Parte II, Libro II, Toledo, 1862.

MATOSSO, JOSÉ. "Revueltas y revoluciones en la Edad Media Portuguesa". *Revueltas y revoluciones en la historia,* Ed. Julio Valdeón Baruque, Antonio Manuel Hespanha, François Furet, Ran Halévi, y otros. Actas Salmanticensias, *Estudios históricos y geográficos,* 66, Salamanca, Universidad de Salamanca, 1990, pp. 41-58.

MENÉNDEZ Y PELAYO, MARCELINO. *Poetas de la corte de Juan II,* 3ra. Ed., Madrid, Colección Austral Espasa Calpe, 1959.

MILLÁS VALLICROSA, JOSÉ MARÍA. *Nuevos estudios sobre historia de la ciencia española,*Vol. II, Madrid, Consejo superior de investigaciones científicas, 1987.

MORALES CASTRO, CARMEN ALICIA. *Isabel de Castilla: una psicobiografía,* San Juan, Editorial Adoquín, 2013.

MORALES MUÑÍZ, MARÍA DEL CARMEN. *Alfonso de Ávila, Rey de Castilla,* Excma.Diputación Provincial de Ávila, Ávila, Institución "Gran Duque de

Alba", 1988.

MOSÁCULA MARÍA, FRANCISCO JAVIER. "El palacio de San Martín", *Adelantado de Segovia,* 2005.

MURRAY FANTOM, GLEN STEPHEN. *Historia del Real Ingenio de la Moneda de Segovia. Yel proyecto para su rehabilitación,* Segovia, Fundación Real Ingenio de la Moneda de Segovia, 2006.

NEWMAN, BARBARA, & NEWMAN, PHILLIP. *Development through Life: A Psychological Approach,* Pacific Grove, Brooks/Cole Publishing Co., 1995.

NISTAL, MANUEL, & GARCI-SÁNCHEZ, MARÍA TERESA. *Segovia: patrimonio de la humanidad,* Madrid, Colección Turimagen, 1994.

OLIVERA SERRANO, CÉSAR. *Beatriz de Portugal: la pugna dinástica Avis-Trastámara,* Cuadernos de estudios Gallegos, Anexo, Consejo Superior de Investigaciones Científicas Portugal, Xunta de Galicia, A Coruña, Instituto de Estudios Gallegos "Padre Sarmiento" Santiago de Compostela, 2005.

PEREDA, FELIPE. "El cuerpo muerto del rey Juan II, Gil de Siloé, y la imaginación escatológica (Observaciones sobre el lenguaje en la escultura en la alta Edad Moderna)", Vol. XIII, *Anuario del Departamento de Historia y Teoría del Arte (U.A.M.),* Madrid, pp. 53-85.

PÉREZ DE TUDELA, MARÍA ISABEL, & RÁBADE OBRADÓ, MARÍA DEL PILAR. "Dos princesas portuguesas en la corte castellana: Isabel y Juana de Portugal", *Actas das II   Jornadas Luso-Espanholas de História Medieval,* Porto, Instituto Nacional de Investigaço Científica, Vol. I., 1987, pp. 357-384.

PORRÁS ARBOLEDAS, ANDRÉS. *Juan II (1406-1454),* Palencia, Diputación Provincial, Colección Reyes de Castilla y León, n° X, 1995.

RODRÍGUEZ VILLA, ANTONIO. *Bosquejo biográfico de don Beltrán de la Cueva,* Madrid, Luis Navarro, 1881, Reimpresa Editor, Kessinger Publishing, 2010.

RUIZ GARCÍA, ELISA. *Los libros de Isabel la Católica: arqueología de un patrimonio escrito,* Salamanca, Instituto de Historia del libro y de la lectura, 2004.

SEGURA GRAIÑO, CRISTINA. "Las mujeres en la España Medieval", Parte III, *Historia de las Mujeres en España,* Letras Universitarias, Madrid, Editorial

Síntesis, 1997, pp. 113-131.

SCHICKEDANZ, JAMES. *More than the ABC's: the Early Stages of Reading and Writing*, Washington, D.C., National Association for the Advancement of Young Children, 1986.

SUÁREZ FERNÁNDEZ, LUIS. "Un libro de asientos de Juan II", Washington D.C., *Hispania*, XVII, 1957, pp. 322-368.

SUÁREZ FERNÁNDEZ, LUIS. *Enrique IV de Castilla,* Barcelona, Editorial Ariel, 2001.

SZÁSZDI NAGI, ADÁM. "Una ojeada furtiva a la realeza bajomedieval", *Iacobus,* Revista de estudios jacobeos y medievales, n°. 19-20, Valladolid, 2005, pp. 295-326.

USANDIZAGA, MANUEL. Historia de la obstetricia y de la ginecología en España. Santander, 1944.

VERÍSSIMO SERRÃO, JOAQUIM. *História de Portugal*. Vol. I, Lisboa, Verbo, 1980.

Fotos e Ilustraciones

Princesa Isabel de Castilla 12

Capilla del Fundador en la Tumba Real 20

Tumba de don Enrique el Navegante. 24

Pintura de Isabel de Portugal 26

Tumba del infante don Pedro 30

Tumba del infante Juan de Portugal. 34

Tumba de Isabel de Barcelos 38

Palacio Real de Arévalo 48

Maqueta del Palacio Real de Arévalo 51

Palacio del rey Juan II 53

Tumba de la reina Isabel de Portugal 67

Palacio de Madrigal 89

Puerta de Cantalapiedra 88

Real Hospital de la Purísima Concepción 85

Obra 'La primera juventud de Isabel la Católica" 101

Tumba del rey Duarte y de la reina Leonor de Aragón 106

Dibujo del palacio de la reina Juana de Portugal 122

Dibujos de ventanas estilo mudéjar 128

Torre de Arias Dávila 126

Pintura de la infanta Juana de Castilla 131

Casa de la reina Juana de Portugal 139

Reinos de la península Ibérica...154

La península Ibérica a fines del siglo XV 155

Árbol genealógico 158

Sepulcro del rey Juan II de Castilla..161

La torre sobre la entrada del Alcázar de Segovia......................166

Rey Enrique IV de Castilla...177

Cenotafio de la reina María de Aragón 178

Panorámica de la ciudad de Segovia 178

Sepultura del príncipe Alfonso de Castilla................................184

Atrio del Convento de Santa Clara...190

ÍSABEL DE CASTILLA:
UNA PSICOBIOGRAFÍA

El entusiasmo y la energía que Carmen Alicia Morales pone en todo lo que emprende se refleja en este libro que ahora ofrece a sus lectores. Una obra realizada a partir de un intenso trabajo de investigación en el que se han combinado los recursos de la Psicología con los de la Historia.

La autora, partiendo de una clara teoría que se expone en el primer capítulo, aborda la psicobiografía de Isabel I de Castilla siguiendo el transcurrir vital de esta destacada mujer a lo largo de las distintas etapas de su vida, desde el nacimiento en Madrigal de las Altas Torres hasta su muerte en Medina del Campo. Para realizarlo ha visitado archivos y bibliotecas, ha utilizado documentos originales y escritos de otros historiadores, y sobre todo ha recorrido los lugares isabelinos.

Es en esta parte de su trabajo donde queda patente la agudeza y la originalidad investigadora de la autora, que ha sabido realizar ese viaje por muy diferentes lugares de la Castilla del siglo XV con una mirada atenta y un oído abierto a los sonidos del entorno. Así la luz, el canto de los pájaros o el tañir de las campanas se convierten en fuentes de información, lo mismo que los diferentes y cambiantes colores de los pueblos y los campos por los que transcurrió la vida la reina Católica.

CᏅ▲℞
Editorial
ADOQUIN
Colección Siglo XV

Isabel Del Val Valdivieso
Catedrática de Historia Medieval
Universidad de Valladolid, España

SOBRE LA AUTORA

Carmen Alicia Morales obtuvo un bachillerato en teatro y literatura inglesa en 1967 (Universidad de Puerto Rico) y en 1973 una maestría en teatro (Catholic University of America, Washington D.C.). En 1984 obtuvo un grado en edu-cación (Universidad de Maryland). Fue becada por la embajada de España para estudiar literatura en la Universidad Complutense (Madrid, 1986) y Alcalá de Henares (Alcalá, 1997). Estudió literatura y arquitectura islámica becada por el Centro de Estudios Islámicos en Nuevo México (2001). Obtuvo un doctorado en Historia Antigua y Medieval de Castilla en la Universidad de Valladolid (2009) con su tesis doctoral Isabel *de Castilla: una psicobiografía* la cual ganó mención honorífica Suma Cum Laude.

Entre 1975 y 2014 se presentó contando cuentos y actuando sus unipersonales *Turulete* (1990), la vida de una niña e *Isabel, reina de España* (1992) entre otros: Cornell University (Nueva York); Brown University (Rhode Island); Joliet Junior College (Chicago), Penn State (Pennsylvania); Georgetown University, Library of Congress, Smithsonian Institution (Washington D.C.); State University of New York (Geneseo and Long Island); Western Connecticut State University (Danbury), Bowling Green State University (Ohio); Notre Dame University; University of Maryland, Montgomery College (Maryland).

Internacionalmente se presentó en: Universidad de Graz (Austria, 1991), Universidad de San Francisco (Ecuador, 1992), Colegio de Guadalupe (Madrid, 1986), Universidad de Puerto Rico (tour de todos sus campus 1983 y 1997), Universidad Católica de Ponce (1998); III Festival Internacional de Cuenta Cuentos (Venezuela, 1992), V Feria del Libro de Guadalajara (México, 1997); V Encuentro Internacional de Escritoras (Puerto Rico, 2003); Museo Fernández Blanco (Buenos Aires, 2010); Festival Internacional Primavera de Cuentos (2011, Habana, Cuba); Feria del Libro Ricardo Palma (2012, Lima, Perú). Desde 2007 se presenta en la Fundación Nacional de la Cultura Popular en San Juan, Puerto Rico en las Noches de Peña, dirigidas por el conjunto de música folklórica TEPEU.

En literatura ha publicado: Editorial McMillan/McGraw Hill, "La colcha de los recuerdos", "La Antártida" (1992), Editorial Santillana "El piragüero" (1998). *Cundeamores*, poesía narrativa (Editorial Flamboyán, 1984, 1990, 1997); *¡Ay bendito!* Editorial de la Universidad de Puerto Rico, 1997, Editorial Adoquín, 2012; *Cangrejeros*, Publicaciones Gaviota, 2010; *Borrachera madrigal*, (Editorial Adoquín, 2012).

Ha grabado dos CD: *Cundeamores* y *¡Ay bendito!* y escribió y produjo el video *"El piragüero"* 2012.

En historia ha publicado los ensayos: "Isabel de Barcelos: su contribución a la educación de Isabel la Católica" en la edición de la *Revista Medieval Iacobvs*, Valladolid, España (2009); "Isabel de Barcelos: la abuela de Isabel la Católica, su vida en Arévalo" *Revista La Alhóndiga*, Arévalo, España (2012); "La psicobiografía: consideraciones y sugerencias para su aplicación a la vida de Isabel I

de Castilla", en *Ensayos sobre Biografía* por Ediciones Puerto (2010); "Isabel I de Castilla: una psicobiografía" en la *Revista de Historia Antigua y Medieval* de la Universidad de Valladolid (2009); "La niñez en la corte itinerante de Isabel la Católica a la luz de las Cuentas de Gonzalo de Baeza" en *Revista de Historia de España* de la Universidad Católica de Buenos Aires (2010); "La adolescencia de Isabel la Católica" *Revista Red Cultural,* Chile (2011); "La educación de Ponce de León: especulación sobre la posible influencia en la educación en Puerto Rico" en *Las gobernaciones atlánticas en el Nuevo Mundo* de la Academia de la Historia; "La alimentación en la corte isabelina y su influencia en la cocina puertorriqueña" en la *Revista Medieval Iacobvus* 2013; "La educación de Alonso Manso: su influencia en el diseño arquitectónico de la primera arquidiócesis de la ciudad de San Juan" *Historia de la iglesia en Puerto Rico*, Arquidiócesis de San Juan, 2014. *Isabel de Castilla: una PsicoBiografía,* Editorial Adoquín, 2013.

Sobre temas de la mujer hispana medieval ha dictado las siguientes conferencias: "Derechos de la mujer hispana medieval en el siglo XV", Fundación Sila Calderón, 2012 y Centro Cultural de Lajas, 2014; "La educación de la reina Juana I de Castilla en la corte isabelina", Centro de Estudios Avanzados de Puerto Rico y del Caribe, 2012; "La reina Juana de Portugal: reflexión sobre su vida y su testamento" Jornadas de historia medieval de España, Buenos Aires 2012; "Análisis del epistolario de Felipe el Hermoso enviado al rey Fernando el Católico entre 1504 y1506" II Conferencia de Historia Medieval, Universidad Gabriela Mistral, Chile, 2013; "La psicobiografía: nueva herramienta para el estudio de la mujer en el

Medioevo" III Encuentro de Interescuelas/Historia, Universidad del Cuyo, Mendoza, Argentina. "María Pacheco: análisis psiciobiográfico de su niñez y adolescencia" *Congreso de los comuneros en Villalar de Campos*, 2014.

En Estados Unidos sirvió en las juntas directivas de: National Conference of Puerto Rican Women, Maryland; Greater Washington Area Foreign Language Association; fue socia de Maryland Foreign Language Association y de American Association of College Activities. Actualmente es socia de: Fundación para la historia de España en Argentina (Buenos Aires) y cofundadora y vocal de la Asociación puertorriqueña de investigación de historia de las mujeres y fundadora y presidenta de la Asociación de Historia del viejo San Juan. Ha recibido innumerables honores por su servicio a la comunidad en el área de Washington D.C.

Trabajó por 25 años para Montgomery County Public Schools, en Maryland, como maestra de español y supervisora de programas de lengua. Contribuyó a desarrollar el currículo, diseñar exámenes y adiestrar maestras para la enseñanza del Español a estudiantes nativos.

ISABEL: SUS ANTEPASADOS

facebook

¡Estamos en Facebook!
facebook.com/morales.carmen.alicia

twitter

¡Estamos en Twitter!
twitter.com/c_a_morales

EDITORIAL ADOQUÍN

"Isabel: Sus Antepasados" también está disponible en formato electrónico (eBook) en tiendas de la red. Para comunicarse con esta autora o para información sobre Editorial Adoquín, puede escribir a:

ed.adoquin@gmail.com

www.ingramcontent.com/pod-product-compliance
Lightning Source LLC
Chambersburg PA
CBHW062040090426

42740CB00016B/2973